はじめに

　日本に来て、20年近くになります。日本人の夫と娘との東京での生活は、充実しているとはいえ、慌ただしいものです。毎日、その日一日を首尾よく終わらせるために、ママチャリを飛ばして子どもを園に送り届け、仕事の締め切りに間に合わせ、夕飯の買い物にスーパーに飛び込む！　そんな毎日の中で、ふと、日本での生活はこれから先どうなっていくのだろうと考えてしまうことがあります。実は気がかりなことがひとつだけあるからです。それは、娘のことです。

　英語圏ではない国で子どもを育てるということがどういうことか、実際に子育てが始まるまで、私は全く分かっていませんでした。**アメリカで育った私は、自分が親となったときの一番の心配事が、まさか「子どもが英語を話せるようになるだろうか」というものになるとは、思ってもいなかったのです。**

　しかし、今の悩みはまさに「子どもと英語」。このテーマについて、調べたり、本を読んだり、効果的な方法を試してみたりしているのです。娘の現在の英語のスキルだけではなく、心配なのは将来です。英語を身につけるためには、ちょうど私自身がしてきたように、娘も勉強しなければなりません。でも、日本語に囲まれた環境で、そのうち日本語しか話さなくなるのではないかと、不安になるのです。もちろん、おしゃべりなネイティブママがいることは、娘にとって有利なことです。しかし多くの側面において、私はこの本を手に取られたあなたと同じ状況にあります。つまり、**将来のために英語が話せるようになってほしいと願い、そのためにどうしたらいいかを考えている母親**だということです。

　英語は日本人ママにとって、大きな関心事です。「どうしたら子どもが英語を話せるようになるの？」と、周りのママたちによく聞かれます。話を聞くと、子どもたちは、十分な知識を学校で得ているのに、全く話せるようにならない、というのです。

　第二言語の習得については、多くの研究や調査が行われてい

ますが（プロローグ参照）、簡単にはこういうことです。「言語習得には、子どもにとって『社会的便益が必要』である」。具体的にはそれは「人とのつながり」であることが分かってきました。英語を習得するのに今まで欠けていたのは「英語を使えば大切な人と理解し合える」という子どもの気持ち、モチベーションなのです。そのため本書は、「英語を通じて子どもが母親とのつながりが感じられる」ようにつくられています。

　多くのママたちが、ピアノやバレエを習わせるように、子どもを英会話学校や塾に預けています。「自分では教えられない」と思っているからですよね。でも、英語に関しては、違うのです！　過去50年の間に日本の中学校を卒業した人なら、だれでも子どもに教えることができます。本当です。英語が苦手でも問題ありません。なぜなら**一番大切なのは、あなたの英語のスキルではなく、あなたが「母親であること」**だからです。子どもの英語に対する影響力を比べると、どんなネイティブスピーカーよりも、母親に軍配が上がります。

　この本では、日々の会話を日本語から英語にしよう、などとは言いません。**「子どもをほめたり励ましたりするときに、英語を使う」**、それだけです。日本語でほめる代わりに英語でほめるというのでもありません。日本語と一緒に、英語を使っていきます。小さな子どもなら「英語が好きになること」。これだけが目標です。英語ってなんだかいいなと思えること自体が、子どもの将来にとってとても重要だからです。大切なのは、母親の直感を使って、子どもをほめようというときに、この本の中からぴったりなフレーズを選んで使うだけ。これなら気負うことなく、英語子育てをスタートできますし、母親の英語力は問われません。実際にこの本が採用しているのは、厳密な英文法のルールではなく、リアルなママ英語のルールなのです。

　「子どもをほめる」というコンセプトは、共著者である真由子との会話から生まれました。その時、私たちは日米の子育ての違いについて話していたのですが、「アメリカ人の親って、子どもをすごくほめるよね」と言われ、そのことについて考えることになりました。たしかにアメリカでは「ほめる」というの

は、親子のコミュニケーションにおいてとても大きな比重を占めています。真由子は以前、アメリカの小学校で働いていた経験から、話し方の違いを感じていたようです。娘をほめることは、私にとってはあまりに自然なことなので、以前はそのことについて深く考えることはありませんでした。しかしそう指摘されて以来、娘に声をかけるときにはいつも、そのことが頭から離れなくなり……。そして私の中の研究者気質が顔を出し、子どもをほめることについて本気で学び始めたのです。

　その成果が本書です。真由子とのやりとりを通じ、日本人ママに向けたフレーズ集となりました（もちろんパパも使えます！）。**全てのフレーズは現在ネイティブママが使っているリアルなものばかり。**私自身が娘に使っているもの、アメリカ人の友人や私のアメリカの家族が使っているもの。アメリカ人ママの日常英語がたくさん詰まった本となりました。

　ここで簡単に、実際のやり方を見てみましょう。息子さんが、今日初めて自分で靴を履いたとします。そこであなたは一言、You did it！（やったね！）と言い、日本語で「自分でできたじゃない」などとつけ加えます。こうしたことを繰り返すことで、子どもの頭の中では、英語は心地よく温かいものとして認識されるようになります。こういった**英語に対するプラスの感情は、何年か後に、教科として英語を勉強する際の原動力にもなります。**

　第1章から始まるフレーズの前に、プロローグを読むことをお勧めいたします。「子どもをほめる」という方法をとる上で支えとなる、理論や考え方などが書かれています。

　この本は、日本で子育てをする日本人家族を対象にしています。早めに英語のスタートを切らせたいママ（そしてパパ）のための本です。真由子が、一足先にこの本のフレーズを家に持ち込み、3人の子どもたちに使っています。その様子も本書に載っています。日本人ママへのヒントになるはずです。

2015年1月吉日

　　　　　　　　　　　　　　　　　　　　　　カリン・シールズ

日本人ママより

　私も夫も日本人。周りは日本語だけの環境。そんな中、**私も、「子どもに英語好きになってほしい」と願っている日本人ママのひとりです**。私には9歳の長女、7歳の次女、そして4歳になる長男がいます。実際「英語でほめる」を始めたときには、どうなるんだろう、とまるで実験にでも取りかかるような気持ちでした。ちょうど3人の年齢もばらばらなので、それぞれの反応が楽しみでした。

　小さい子の方が受け入れやすいかと思ったのですが、一番先に反応したのは、9歳の長女でした。See you! と学校に送り出す私に「バァ〜イ」と英語っぽく答えてくれたのは、1週間もたたないうちでした。当時6歳の次女は、私が英語を使いだしたことに関して「ママは英語も話すんだね」と普通に受け入れてくれました。「親が英語を話す」ということを違和感なく感じられるだけでも、英語に対する意識は変わるのではないかと思います。

　当時3歳の息子は、なかなか反応しませんでした。日本語もままならないときに英語なんてやはり無理かな、と思ったのですが、始めてから半年を過ぎた頃、突然英語が口から出てくるようになりました。

　日本語でもそうですが、**すぐに反応する子がいる一方、まずは聞くことで言葉を自分の中にためた後に、一気に話しだすという子もいます**。私たち母親にできることは、焦らずに自分のペースで続けることかな、と思います。

　本書の中で、日本人ママ特有の悩みなどを章末の「日本人ママの目線」と本文中の「Japanese Mamaから」で書かせていただきました。「英語でほめる」を実践するにあたり感じたことや実際の出来事などを綴っています。少しでも、皆さんのお役に立つ内容があればと思います。

黒坂真由子

目次

はじめに …1／日本人ママより …4／本書とCDの使い方 …12

プロローグ
ママだからできる！
英語でほめよう　英語で話そう……14

第1章　魔法の言葉、マジックフレーズ

● マジックフレーズで、英語のシャワーを …………32

マジックフレーズ①：いつでも、どこでも、だれにでも ………34
  You did it.「やったね」／Nice!「いいね！」／You've got it.「当たり」／
  Good job.「よくできたね」

マジックフレーズ②：子どもにもっと「ありがとう」 ………36
  Thank you.「ありがとう」／That's my girl/boy.「さすがママの子」／
  How sweet!「なんて優しいの！」／That's so nice.「優しいのね」

マジックフレーズ③：びっくりしたわ！ ………38
  Wow!「わぁ～！」／Yay!「イェイ！」／Look at you!「すごい！」／
  Super.「うわっすごいわ」

マジックフレーズ④：ぐずぐず、イヤイヤのときには ………40
  You're OK.「大丈夫だよ」／No thank you.「せっかくだけど」／
  I'm sorry.「分かるよ」／I know.「分かってるよ」

マジックフレーズ⑤：大好きをもっと伝えよう ………42
  Mama loves you.「大好きよ」／Mama's so proud.「ママの誇りだわ」／
  I'm so lucky.「ママはラッキーね」

マジックフレーズ⑥：赤ちゃんを英語であやそう ………44
  Who's gorgeous?「美人さんはだれ？」／Well hello there!
  「あら、こんにちは！」／Who loves you?「大好きなのはだれ？」／
  Looking all around.「ちゃんと見てるわよ」

マジックフレーズ⑦：小さい子に英語のシャワーを ………46
  What effort!「すごい努力ね！」／You did great.「よくやったね」／
  Well done.「上手ね」／That's right.「その通り」

マジックフレーズ⑧：大きな子には遊び心あふれるほめ方で ……48
  You did that?「あなたがしたの？」／No way!「信じられない！」／
  You decide.「決めていいのよ」

● 日本人ママの目線①　日本人の発音で大丈夫？ ………50

第2章 頑張っている子どもに声をかけよう

- **いつでも何かを頑張っている子どもに** ……………………52

ただいま挑戦中！ ……………………54
Keep going.「その調子」／ You can do it.「できるよ」／
Almost there!「あとちょっと！」／ What a hard worker.「頑張りやさんね」

まだできないよ…… ……………………56
Let's try again .「もう一度」／ So close.「おしい」／
You did your best.「頑張ったね」／ One more time?「もう1回？」

ママ、できたよ！ ……………………58
There you go!「それでいいよ！」／ Aren't you proud?「すごいと
思わない？」／ Wow. You can do that?「わぁ〜。自分でできるの？」

公園で声をかけるなら ……………………60
Trust yourself.「自分を信じて」／ Look at you go!「ほら、いい感じ！」／
You're doing it.「できてるよ」／ Getting better.「よくなってるよ」

子どもの「芸術作品」のほめ方 ……………………62
Look at that!「すごい！」／ What skill!「上手にできたね！」／
You made this?「あなたがつくったの？」／
Now that's unique.「わあ、ユニークね」

お友だちと楽しく遊ぼう ……………………64
Great waiting your turn.「順番をちゃんと待てるよね」／ Thanks for sharing.
「シェアしてくれて、ありがとう」／ What good buddies.「なかよしね」／
You played so well with...「……と上手に遊べたね」

がまん、がまん、がまん ……………………66
What restraint.「がまんできたね」／
That shows patience.「がまんしてるのね」／
Aren't you impressed?「すごいって思わない？」

お姉さん、お兄さんみたい！ ……………………68
I'm so impressed.「感心したわ」／ Such a big girl/boy.
「お姉さんね／お兄さんね」／ What a big help.「すごく助かったわ」／
Thank you for...「……してくれてありがとう」

- **日本人ママの目線②　「正しい英語」の圧力から逃れよう** ……………………70

第3章 子どもと過ごす、朝の時間

- 大忙しの朝を英語で乗り切る ……………………………………… 72

元気に「おはよう！」 …………………………………………… 74
Hello Sunshine!「おはよう、サンシャイン！」／You slept so well.「よく眠れたね」／That felt good, didn't it?「よく眠れたわよね？」／How about a snuggle?「もうちょっと一緒に寝ようか」

わが家はトイレトレーニング中 ………………………………… 76
What a big boy/girl!「お兄さん／お姉さんみたい！」／Potty time!「おまるの時間！」／See, you can do it!「ほら、できるじゃない！」／Shall we sit?「一緒に座ろう」

朝ご飯、できたよ～ ……………………………………………… 78
What a good eater!「よく食べたね！」／Yum!「おいしい！」／Let's try.「食べてみよう」／All done.「ごちそうさま」

上手に歯磨きできたね …………………………………………… 80
Super brushing!「歯磨き上手！」／That's a wide open mouth.「あーんできたね」／Swish and rinse!「ぶくぶくペッ！」／Look how clean!「きれいかどうか見せて！」

自分で着替えられる？ …………………………………………… 82
Great choice!「選ぶの上手！」／Which one?「どっちがいい？」／Show me how you put it on.「着替えられたか見せて」／You look nice.「すてきよ」

元気に行ってらっしゃい！ ……………………………………… 84
Have a good day!「行ってらっしゃい！」／Have fun!「楽しんでね！」／Love you.「大好きよ」／Be good.「お行儀よくね」

朝は大忙し ………………………………………………………… 86
How fast can you go?「どれだけ早くできるかな？」／Who's speedier?「どっちが早い？」／Show me that in fast motion.「高速で見せて」

ちゃんと聞いてるかな？ ………………………………………… 88
I see you heard me.「ちゃんと聞いてくれてたね」／You did it exactly like I said.「ちゃんと言った通りにできたね」／Way to follow directions.「指示通りにできたね」／Great listening.「よく聞いていたね」

- 日本人ママの目線③　外で話すのが恥ずかしいなら ……………… 90

第4章 今日のことをたくさん話そう

- ● 子どもとの午後をもっと楽しく ……………………………………… 92

お帰りなさい、待ってたよ …………………………… 94
Welcome back.「おかえり」／You're home!「帰ってきたね！」／There she/he is.「いたいた」／Look who's back.「あら、だれか帰ってきた」

片づけてくれてありがとう …………………………… 96
Wow. So neat!「わぁ〜。ちゃんとできてるよ！」／
Can you take your shoes off?「靴をちゃんと脱げる？」／
Thanks for being so tidy.「上手に片づけてくれてありがとう」／
You did it all by yourself.「全部自分でしたのね」

上手にお話しできたね …………………………… 98
Use your words.「自分の言葉でいいよ」／What a story.「面白い話ね」／
That's a big word.「難しい言葉ね」／You told that so well.
「上手に話せたね」

お手伝いしてくれてありがとう …………………………… 100
Such a big help!「助かったわ！」／Just like Mama.「ママみたいね」／
How helpful.「なんて頼りになるの」

宿題、頑張ったね …………………………… 102
Excellent work.「よくできたね」／Getting closer.「もうちょっと」／How about that!「すごい！」／You really worked hard.「本当によく頑張ったね」

さあ、夜ご飯ですよ …………………………… 104
You ate it all up.「全部食べたね」／It must be good.「おいしいのね」／
No mess! Wow. 「汚れてないよ！　わぁ〜」／
Look at you chewing.「ちゃんとかんでるじゃない」

一緒にお風呂に入ろう！ …………………………… 106
All clean!「きれいになったよ！」／Super rinsing.「ちゃんとすすいだね」／
This feels good.「気持ちいい」／What a happy, clean kid!
「ピカピカでご機嫌！」

ふかふかのお布団で、お休みなさい …………………………… 108
Let's relax.「ごろんしよう」／Big yawn. Big stretch.
「大きくあくび。大きくストレッチ」／Mama's right here.「ママはここよ」

- ● 日本人ママの目線④　子どもの質問に答えられないときには ……… 110

第5章 泣いているとき、困っているとき

- **泣いているときにかけたい言葉** …………………………………… 112

泣いたとき、いつでも使える言葉 …………………………………… 114
Don't worry.「気にしない」／It's OK.「平気だよ」／I can see you feel...「……と思っているの分かるよ」／We can fix it.「直せるよ」

転んだり、すりむいたり …………………………………………… 116
Good recovery.「ちゃんと起き上がれたね」／That must hurt.「痛そうね」／Bye-bye boo-boo.「いたいのいたいの飛んでいけ」／How about a band-aid?「バンドエイド、する？」

怖いよ、びっくりしたよ …………………………………………… 118
That was a big surprise.「びっくりしたね」／What a comeback!「元気になったね！」／What a shock.「ショックよね」／That's a little scary.「ちょっと怖いね」

動揺したり、ぷんぷんしたり ……………………………………… 120
It'll pass.「これも終わるよ」／You're just having a tough moment.「大変ね」／It's OK to feel sad.「悲しんでもいいよ」／Wanna cuddle?「ギューてしようか？」

イライラしてるんだね ……………………………………………… 122
Shall we try together?「一緒にやろうか？」／I know it can be hard.「大変だって分かるよ」／Hang in there.「頑張ろうね」／I bet that's frustrating.「イライラしてるんでしょ」

怒っているの、分かるよ …………………………………………… 124
Good showing your emotions.「気持ちを表すのはいいことだよ」／Can you use your words?「自分の言葉でお話しできる？」／I see you're really angry.「怒っているの分かるよ」／Deep breath.「深呼吸して」

反抗的なとき、素直でないときに！ ……………………………… 126
I hear you.「聞いてるよ」／What an opinion.「意見があるのね」／I understand.「分かったよ」

かんしゃくを起こして、どうしようもないとき ………………… 128
I'm right here.「ここにいるよ」／Way to get control.「コントロールできたね」／You're back. Are you back?「落ち着いた。そうよね？」

- **日本人ママの目線⑤　ガミガミ防止に一役** ……………………… 130

第6章 お兄ちゃん、お姉ちゃんをもっとほめよう

- ● お兄ちゃん、お姉ちゃんの活躍に注目！ … 132

きょうだいっていいね … 134
What a good big brother!「なんていいお兄ちゃん！」／ How kind of you.「優しいのね」／ You two get along so well.「仲がいいのね」

ちょっと難しいお手伝いも … 136
How careful and well done.「注意して上手にできたね」／
I didn't even have to ask!「頼んでもいないのに！」／
You did that all by yourself?「全部自分でやったの？」／
You really helped me.「助かったわ」

勉強してえらいね … 138
That's it!「その通り！」／ Keep it up.「頑張れ」／
You're close.「おしい」／ Great work.「よくできたね」

ナイスシュート！ クラブやスポーツ … 140
Way to go.「よくやった」／ Good teamwork.「いいチームワークね」／
You tried hard.「頑張ったね」／ Nice shot!「ナイスシュート！」

子どもの話をたくさん聞こう … 142
Uh-huh.「うん」／ Great question.「いい質問だね」／
Thank you for explaining.「説明してくれてありがとう」／
I enjoyed our talk.「お話、楽しかったね」

ちゃんとママの話を聞いてる？ … 144
Way to listen carefully.「ちゃんと聞けたね」／ I see you're listening closely.「ちゃんと聞いてるって分かるよ」／ That's what I call paying attention.「これこそちゃんと聞くってことね」

礼儀正しくて、ママはうれしい！ … 146
How polite.「礼儀正しいのね」／ You listened so quietly.「静かに聞けたね」／
You let Mama talk.「ママに話させてくれたね」／
Just like a grown-up.「大人みたいね」

自立に向かって … 148
Good for you!「良かったね！」／ You must feel proud.「自分が誇らしいでしょう」／ You finished it all by yourself.「全部ひとりでできたね」／
I see you didn't need any help.「助けがいらなかったって分かったよ」

- ● 日本人ママの目線⑥　ハードルはどれくらい？ … 150

第7章 家族で英語を楽しもう！

- **家族でもっとほめ合おう** ……………………………………… 152

ジェスチャーあれこれ ……………………………………… 154
High five!「ハイファイブ！」／clapping 拍手／
thumbs up 親指を上げる／hugging ハグ

ニックネーム ……………………………………… 156
Kiddo「キドー」／Baby「ベイビー」／Honey「ハニー」

子どもの前で、ママをほめる ……………………………………… 158
Yay Mama!「イェイ、ママ！」／Mama did it!「ママ、やったね！」／Way to go, Mama.「よくやった、ママ」／Mama's working hard.「ママは頑張ってるよ」

子どもの前で、パパをほめる ……………………………………… 160
Papa did it!「パパ、やったね！」／Papa's got a good idea.「パパにいいアイデアがあるよ」／Isn't Papa silly?「パパっておかしいね」／Don't worry, Papa can fix it.「大丈夫、パパが直してくれるよ」

お兄ちゃん、お姉ちゃんの前で、弟、妹をほめる ……………… 162
What good pals.「いい相棒ね」／Aren't sisters special?「きょうだいって特別よね」／Look! Your brother's trying hard.「見て！ 弟が頑張ってるよ」／Look what you can show her!「どうやれるか見せて！」

弟、妹の前で、お兄ちゃん、お姉ちゃんをほめる ……………… 164
Isn't your brother great?「お兄ちゃんってすごいね」／Wow, you learned that from your sister?「わぁ、お姉ちゃんから教わったの？」／Your sister knows so many things!「お姉ちゃんはなんでも知ってるね！」

みんなで話すときには ……………………………………… 166
You used your words well.「ちゃんとお話しできたね」／That was a funny story.「面白い話ね」／You explained very clearly.「ちゃんと説明してくれたね」／Thank you for waiting your turn.「自分の番を待ってくれてありがとう」

使いやすいフレーズ ……………………………………… 168
That's...「これが……」／What a...「(なんて……)」／You...「(あなたは……)」／Thanks for...「……をありがとう」／I can see...「……分かるよ」／That's what I call...「これこそ……ってことね」

おわりにⅠ…171／おわりにⅡ…173／付録：暗記シート …176

本書とCDの使い方

※本書には、疑問文の形をとらずに語尾を上げることで質問のニュアンスを表すフレーズや、「！」のつかない感嘆文の形のフレーズなどが含まれています。いずれも自然な英語として使用されています。

CDのトラックナンバー

6 マジックフレーズ⑤
大好きをもっと伝えよう

ママラヴジユー
Mama loves you. 「大好きよ」

メインフレーズ
よく使われるフレーズです。日本人にも覚えやすく、発音しやすいものばかりです。

　　愛情表現の仕方は国によっても、人によってもさまざま。私自身は、他に I love you. と言ったり、I love you so much. と言ったり、love という言葉をよく使っています。文化の違いもあるかもしれませんが、私自身の性格もあるかもしれません。
　　まずは、小さいお子さんに使ってみましょう。どうでしょう。言えそうですか？　慣れてきたら大きなお子さんにも使ってみてください。

〈CDについて〉
CDにはメインフレーズとサブフレーズが収録されています。まずは項目ごとに「日本語→英語」の順番で聞くことができます。トラックナンバー58以降は、章ごとに英語のフレーズのみが連続して入っています。お子さんと一緒に聞いても楽しいですよ。

サブフレーズ
状況や好みに応じて、同じような場面で活躍するフレーズです。

もっとほめてみよう！

_{ママスソゥプラウド}
Mama's so proud.「ママの誇りだわ」

子どもが初めて何かをしたとき、と〜
「あなたはママの誇りよ」「あな〜
とできてすごいわ」といった〜
なんだか大事のようですが、〜
が初めてパジャマをひとりで〜

学校などで先生からほめて〜
たよ。Mama's so proud.」と〜
は Mama is の短縮形で〜

_{アイムソゥプラウド}
I'm so proud.

オプションフレーズ
上記のフレーズと同じように使えます。意味が異なる場合は、訳が入っています。

_{アイムソゥラッキー}
I'm so lucky.「ママはラッ〜

もし、loveやproudを使うのに抵抗が〜
らをどうぞ。これは I feel so fortunate to〜
の親で本当に幸運だわ）の簡単な言い方で〜
愛情を表すことができますよ。

カタカナ発音
CDの発音に近い表記になっています。
（あくまで参考としてお使い下さい）

_{ママスソゥラッキー}
Mama's so lucky.

💡 Japanese Mama から　loveと言えない

「愛する」という日本語は、普段の私たちの生活の中では、なかなか登場してこない単語です。ですから、love=愛する　とインプットされてしまうと、使うハードルがとても高くなってしまいます。I love you.　私もずっと言ったことありませんでした。ただ、この love、本当に日常的に使われています。I love chocolate.（チョコ大好き）、I love it.（それいいね）など、〜好き〜くらいのイメージで、使っていいんですね。

日本人ママから
実践中の日本人ママの悩みや出来事が綴られています。

プロローグ
ママだからできる！
英語でほめよう 英語で話そう

　子どもに英語好きになってもらいたい。多くの親がそう考えていると思います。この本は、そんなママたちのための本です。毎日の生活の中で、**子どもが自然に英語に接し、英語に対して良いイメージを持つための方法をお伝えするものです。**

　この新しい英語とのつき合い方に関しては、後ほど詳しくお話しするとして、まずはこの本が「どういった本でないのか」についてご説明したいと思います。きちんと目的を知ることが、新しいことを始めるときには大切だと思うからです。

♡この本の目的では「ない」こと

　これは、家事も子育ても完璧にこなす「完璧なママ」のための本ではありません。そしてもちろん完璧なママによって書かれた本でもありません。

　英語で子育てをするためのたくさんのフレーズを暗記したり、家で話す言語を英語に変えることをお勧めする本でも、「子どもがバイリンガルになる」と約束する本でもありません。バイリンガルキッズを育てることを目指す本ではないのです。

　では、どんな目的で、だれのために？

　この本は、わが子に、

「英語に親しんで、好きになってもらいたい」

と願っているママのための本です。

　母と子の絆はとても強いものです。母親の愛情は、子どもの成長において欠かせません。それはコミュニケーションにおいても同じです。親子の関係によって、家の雰囲気というのは、変わるものです。厳格な家庭もあれば、友だち親子だって。い

ずれもその雰囲気の中心には、母親のあなたがいます。

　もし、母親が突然英語だけを使い出したら、子どもは戸惑うはずです。完璧なバイリンガルママであるとか、外国に住んでいるのでない限り、話す言葉を英語に切り替えることは、家庭の雰囲気を壊し、家族にとっても大きなストレスとなります。

💗 時間も余裕もないママのために

　子育ては素晴らしいもの。でもそれと同時に、おそろしく大変な仕事です！　時間、エネルギー、努力、全てが要求されます。充実感はあっても、「毎日が挑戦」。そして、その責任はとてつもなく重いものです。

　子どもはかわいらしく、楽しくて、愛すべき存在ですが、同時にひどく泣き叫んだり、頑固だったり。そんな子どもたちとの毎日は（少しましな日もありますが）、「なんでこんなに上手くいかないんだろう」とため息ばかり。1日がひどく長く感じられるときもあります。それでも私たちは、なんとか必死に頑張っているのです。

　本やブログを眺めると、すてきで完璧なママたちばかりが目につきます。でも私は、完璧な親になろうなど、少しも思ってはいません。だって、そんな人いないと思うから。母親業は本当に大変。完璧にこなすなどできるはずがありません。

　きっと、周りにいる「リアルなママ」たちは皆、できるだけ幸せに、安定して子育てをしていこうと、すごく努力をしている人たち。私たちと同じように、その日の終わりには、エネルギーが切れてぐったり。子どもと遊んで楽しかった日だって、疲れてばったり眠ってしまう。そうに違いありません。

　この本はそんなふうに毎日頑張るママのためのもの。決して、バイリンガル教育に時間と余裕がある人向けではありません。**どこにでもいる普通の親たち、つまり自分の時間などなく、夕方には子どもの世話をする体力も、ましてや英語を教える気力など尽き果ててしまっている、そんなママに向けた本**なのです。

もし、あなたがそんな普通の母親で、それでもやはり子どもに英語好きになってもらいたいし、そのためならちょっとは頑張れるかな、と思うのなら、これはあなたのための本です。

「日本に住み、日本語を話す、日本人の家庭」に向けて

　日本で暮らしながら、早いうちから子どもに英語に触れて、親しんでほしい。そんな**「日本に住み、日本語を話す、日本人の家庭」を対象**としています。
　英語に親しみ、将来英語が使えるようになることを目指す。忙しい毎日の中で、この目標を達成するには、集中して取り組まなければなりません。そのためにこの本では、たったひとつの狭い領域にフォーカスしています。それは**「ほめる・励ます」という「ほめ言葉」の分野**です。

子どもはどのように言葉を獲得するのか

　ほめ言葉の効果についてご説明する前に、子どもがどのように言葉を身につけていくか、そしてわが家の状況について少しお話しします。
　完璧なバイリンガルに育てるためには、両方の言語に十分に触れさせなければなりません。日本に住む、日本人カップルでは、この点がとても難しいことでしょう。家にはネイティブスピーカーやバイリンガルの家族がいないのですから。でも実を言うと、たとえネイティブスピーカーがいたとしても、難しいのです。そう、わが家のように！
　私はアメリカ人で、夫は日本人です。私たちにはもうすぐ3歳になるMischa（ミシャ）という娘がいます。ミシャの周りで、英語を話すのは私だけ。祖父母、保育園の先生、ご近所さんに向かって、娘は日本語で話します。夫は娘に英語で話しかけることもありますが、妻である私との会話も含めてたいていの会話は日本語です。
　今のところ、娘は日本語、英語とも同じように話すことがで

きます。でもそれは、娘が2歳近くなるまで、私と家にいたために、ほとんどの会話が英語だったからです。現在、私はフルタイムの仕事に戻り、娘は日中の大半を保育園で過ごしています。3歳近くになった娘の日本語は、日々上達しています。それと同時に、私には不安もあります。それは英語がこのまま第2言語になってしまうのではないか、ということです。しかしそうはいっても、この子育てと生活のまっただ中で、私は自分のできることをするしかありません。

そこで、私は娘が英語好きになってくれることを一番に考えることにしました。**娘の中で英語がポジティブな感情を呼び起こすものであれば、豊かなコミュニケーションが英語によってできるようになると思うからです。** そして英語好きになれたら、将来本気で学ぶときの大きな助けになると信じています（私の娘でも、もちろん英単語や英文法を勉強しなければなりません。ちょうど私がそうしてきたように！）。

「臨界期仮説」は本当か？

言語の習得に関しては、次のようなことをよく耳にします。「第2外国語を始めるのであれば、早い方がいい。子どもの脳が柔らかく、適応しやすいときに始めなさい」。これは神経科学者が「臨界期」と呼ぶものです。つまり「小さい頃に習った言語は、身につきやすい」という仮説です。世界中の熱心な親たちがこの仮説を信じ、これこそがバイリンガルキッズを育てる鍵だと考えています。

日本でもこの仮説は根強いものです。早く習わせればぺらぺらになると信じて、日本語もまともに話せない子を高い英語塾に通わせたり、アプリやテレビ、DVDを惜しげもなく買い与えたりしています。この傾向は実はアメリカでも同じです（子どもが習っているのは、中国語やアラビア語ですが！）。

日本では英語の習得というトピックは、非常にセンシティブな問題。なぜなら、多くの大人が長年の学習にもかかわらず、いまだに英語で苦労しているからです。そのため「同じ苦労を

させたくない」と願っている親がとても多いのです。そして、「臨界期」の仮説を信じて、子どもを英会話教室に送り出します。

もちろん、早く英語を始めるメリットはあるでしょう。ただ早ければそれだけでいいのでしょうか？

脳の発達よりも、環境が大切

「臨界期が成功の唯一の要素である」という仮説に反論している最近の研究があります。2013年の米ブラウン大学の研究は、「子どもが言語を習得するとき、『脳の発達』は『環境』ほどには影響を与えない」としています。つまり、**「臨界期」よりも、周りの環境が大切だ、**という研究結果が出たのです。

また、2011年に行われたスペイン語を習う赤ちゃんにおける研究では、**「学習中の人との関わり合いが、その子の言語習得能力を高めた」**と結論づけています。

つまり、子どもはDVDや音の鳴るおもちゃではなく、「人と接したとき」に、言葉を覚えるというのです。この2つの研究はともに、「早く始めればぺらぺらになる」と信じている人たちが忘れている大切なことを示唆しています。

大切なこととはなんでしょうか。それは、「子どもが言語を学んでいるときに、何を感じているか」ということ。最近の研究で分かってきたことは、「子どもは学んでいる言語に『social benefit（社会的便益）がある』と感じたときに上手く習得する」ということです。

さて、子どもにとっての「社会的便益」とはなんでしょうか。それは、「自分の周りの人ときちんと意思疎通がはかれること、その人と密接な関係を築くこと」を意味します。

子どもを毎日英会話教室に通わせ、信頼できる先生に出会えれば、子どもは先生と「密接な関係を築きたい」と思うかもしれません。もしくは、英語を話すベビーシッターに毎日来てもらうという手もあるでしょう。でも、そんなのは現実的ではありません。では、子どもにとって、一番深い関係を築きたいと願っている相手はだれでしょうか？　それは他でもない、あな

たです。**母親こそ、子どもが世界中で一番話したい相手、一番つながりたい相手なのです。**あなたは子どもの太陽。子どもの小さな世界は、あなたを中心に回っています。

　子どもが起きたときに、まず最初に呼ぶのも、寝るときに一緒にいてほしいのもあなたです。同じように、英語の習得にも母親の助けが欠かせません。「ママを喜ばせたい、ママから教えてもらいたい」という気持ちこそ、子どもが英語を吸収する素地となります。心配はいりません。**子どもの英語に対する影響を考える上で、英語が流ちょうである必要はありません。**あなたはただ、英語に対してポジティブであればいいのです。そしてこの本は、そのポジティブな態度を続けるためのものです。あなた自身に大きな負担をかけることなく、子どもを混乱させることもない、英語で子どもとコミュニケーションを取る方法です。

♡ 必要なのは「ほめること、励ますこと」

　この本で、あなたは英語をただ1つの目的のために使います。子どもを「ほめる・励ます」という目的です（以下「ほめる・ほめ言葉」などというときには、「励ます」ことも含みます）。
　子どもを英語でほめるようになると、子どもは英語と自己肯定感（自分のことを肯定する気持ち。自分はこれでいいんだ、自分は大切な存在だと思える気持ち）を結びつけて考えるようになります。なぜなら、自己肯定感は、ほめられたときに培われるからです。

　学校で英語を習うようになってからも、この気持ちが、退屈な単語練習やうんざりするスペリングテストを進める原動力となります。早い時期に、「英語にポジティブな感情を持たせること」。これこそが、母親の英語レベルにかかわらずできることです。これは、今すぐに、ここで、母親であるからこそ、わが子に与えることができる「ギフト」なのです。
　「この本に従えば、子どもをバイリンガルにできる」と言うことは簡単ですが、それは事実でありませんし、容易なことでは

ありません。家での会話をすんなり英語に変えることができる人などいるのでしょうか。それに、日本語で築いてきた親子の絆が失われてしまうのは、何よりもったいないことです。

この本では、そのような心配はいりません。子どもは毎日英語に触れることになりますが、それを煩わしく思うことはないでしょう。また、あなたが今まで築いてきたコミュニケーションスタイルを壊すようなこともありません。

この本の考え方はとてもシンプル。**子どもを「ほめる」ときにだけ、英語を使うこと。**その範囲では、あなたの英語力は問われません。必要なのは子どもに愛情深く接することと、英語を使うタイミングです。

💖 この本がもたらすもの

この方法の効果は大きく次の2つです。**①子どもが英語に対してポジティブになる。②ママが機嫌良く子どもと接することができるようになる。**

②は実はこの方法の思ってもみなかった「すてきなおまけ」ですが（詳しくは29ページ）、まずは①についてご説明しましょう。将来、子どもが英語を学ぼうとしたときに、すごく楽になる理由が分かると思います。

💖 子どもが英語に対してポジティブになる

私たちがすることは、「子どもを英語でほめる」ことであって、「子どもが英語を使ったらほめる」ことではありません。日本語と一緒に英語でもほめるということです。子どもを英語でほめると、子ども、そしてママにとってどんな効果があるのでしょうか。

1　生活の中で、自然に英語に触れることができる
2　英語をポジティブなものとして感じるようになる
3　英語が好きになり、楽しむ基礎がつくられる

4　親子ともに、典型的な英語のほめ言葉に慣れる（ご存じのように、子どもは親の言葉をすぐに真似します）
5　自己肯定感が育つ
6　自分自身や行動に、自信を持つようになる
7　子育てが大変なときに、ママがポジティブでいられる
8　家庭の雰囲気を、ポジティブにすることができる

　私がお約束できるのは、「英語って、なんだかいいものだ」と子どもが思うようになる、ということです。
　英語で子どもをほめると、英語は子どもの中でうれしい気持ちとセットになっていきます。自己肯定感はほめられているときに育つものですから、ママがニコニコと英語でほめている間に育まれます。その時、英語へのポジティブな気持ちも同時に生まれます。このような**英語に対するプラスの感情が、後の英語学習で生かされるようになるのです。**

ぴったりなフレーズを選んで使おう

　この本に出てくるフレーズは、とてもシンプル。よく使われる親のほめ言葉が4つ（時に3つ）紹介されていますが、状況に応じて選ぶことができるように、「どんな時に、どのように」使うのか説明されています。ですから、**この本の全てのフレーズを覚える必要はありません。**あなたの気持ちやその時の状況、子どもの年齢にぴったりくるフレーズを選んでください。
　例えば、子どもがブロックをしているとします。今までは、上手くいかなかったのに、今日初めて、高い塔をつくることができました。その時、Wow! You can do that?（わぁ〜！　自分でできるの？）。次に上の子が学校でつくった工作を持って帰ってきました。あなたは工作をよく見て、それについて子どもに日本語で感想を述べます。それから英語でAren't you proud?（すごいと思わない？）。あなたのそばで、赤ちゃんがたっちをしようとしていますが、なかなか上手くいきません。あなたは赤ちゃんを見て、Almost there!（あとちょっと！）。

ここに出てきた3つの言葉は、それぞれの状況に応じて違っていますが、子どもたちを励ましている点では共通しています。
　ほめるとき、コミュニケーションは温かいものになります。子どもの努力を、言葉や時にはボディランゲージを通じて、認めているからです。ほめることで、私たちは「応援してるよ、努力してくれてうれしいよ」と伝えることができます。

どんどん挑戦する子どもに育つ

　ほめ言葉の背景にある考えは、子どもを励ますことで、自己肯定感を培う助けとなるということです。自己肯定感があれば、自信を持って「挑戦」できるようになります。
　例えば先週のぼれなかった公園の「お山」。何度も何度も挑戦したら、今週は簡単にのぼれるようになっていた、なんてことはありませんか？　こんなふうに「やればできる」という気持ちを持って、頑張れることが大切なのです。親の仕事というのは、子どもの「困難を乗り越える力」を精神的なことも含めて、身につける手伝いをすることです。
　この本では、特に子どもの「成功」をほめているわけではありません。それよりも、**子どもが何かをしているときに、「その努力自体」をほめています。**努力に目を向けることが、後の成功につながるからです。
　最後に、ほめ言葉の素晴らしい効用をもうひとつ。
　それは「自分自身でできる力」が身につくということです。
きれいに食べる、おもちゃを片づける、靴下や靴をしまう。そういったことを上手に励ましていくことで、自分でできるようになっていくものです。日々の生活のあれこれを自分でしてくれるようになれば、ママはもっと楽になるはずですよね。ほめられて育った子は「もっと自分でできるようになりたい」という気持ちを強く持つようになります。ママにほめてもらいたい、認めてもらいたいという気持ちから、たくさん練習もします。このように、ほめ言葉は子どもの自立を促し、親の負担を少しだけ軽くしてくれるのです。

💗 どのようにほめるか、どのようにほめてはいけないのか

　これだけほめるという話をしてきたので、もしかすると「ただ子どもをほめてばかりいるんじゃないの？」と思われてしまったかもしれません。でも、決してそんなことはありません！　私は「良いほめ方」と同時に、「ダメなほめ方」にも関心があります。ほめ方に関する調査や関連の本を調べる中で分かったことは、**「ほめ方には一定のルールがある」**ということ。実際、これらのルールについても多くの調査がなされています。ここでは専門家が私たちに教えてくれることをまとめて見てみましょう。もちろんこれらは、日本語でも同じです。

▶1.「結果」ではなく、「努力」をほめよう

「結果よりも、努力をほめた方が、子どもに良い影響がある」という調査があります。「成功という結果」は、その過程の努力ほどには重要でないというのです。ですから、結果自体をほめるのではなく、結果に至るまでの努力をほめることが大切です。ほめ言葉は、ダイレクトに「成功や失敗」につながるものであってはなりません。**努力をほめようとすれば、たとえ失敗したときであろうと、いつだってほめるところが見つかる**ものです。焦点を当てるべきは、成功にいたるまでの努力。子どもの努力をほめれば、子どもはまたほめられようと頑張るものです。

▶2.「ほめるとき」を選ぶ

　いつでもほめていい、というわけではありません。ほめるのにもタイミングが重要です。「今なら、子どもの成長につながる」と親としての勘が働いたときが、「その時」です。人はほめられすぎると、それが当たり前になってしまいます。**子どもが励ましが必要な「その時」を見つけることが大切**なのです。

　また、子どもの年齢によっても、ほめ方は変わります。小さい子、大きい子、それぞれにぴったりなやり方があります。この本では、年代に合ったほめ方もご紹介していますので、参考

にしてください。

　例えば、赤ちゃんに対しては、Who's gorgeous?（美人さんはだれ？）といったようなフレーズを繰り返し言うことになります。一見無意味に思えるこのような言葉が、母と子の絆を強くするからです。子どもが幼稚園に行く年齢になると、ほめ方にも工夫が必要になってきます。小学生、それも中学年以上の子どもたちには、第6章でご紹介する「具体的にほめる」という方法が必要になります。

▶ 3. 本気で話す

　親が本気かどうかは、子どもにすぐにばれてしまいます。娘も、私が注意を払っていないことに、すぐ気がつきます。仕事で頭がいっぱいだったり、遊んでいる途中に携帯をチェックしたり、話をちゃんと聞かずに適当な相づちをうったり……。そんなことをしていると、もう大変。娘は怒って、私がちゃんと意識を向けるまで、大きな声で「ねえねえねえ」と繰り返します。

　子どもとの大切な時間は、いつでも「真剣に向き合う、今この時」。とはいえ、忙しい毎日の中で、いつでも子どもだけに意識を向けているわけにはいきません。ただ、ほめるときだけは、必ずしっかりと子どもと向き合うようにしましょう。他のことをしたいからと、適当にほめるのだけは止めましょうね。**「ほめるときには、その瞬間、本気になって」**。その気持ちは子どもにきちんと伝わります。

▶ 4. 説明してほめる

　欧米のママたちの間で、長い間親しまれている「古典」のような子育て本がいくつかあります。その中のひとつが *How To Talk So Kids Will Listen And Listen So Kids Will Talk*（邦題『子どもが聴いてくれる話し方と子どもが話してくれる聴き方大全』きこ書房）。子どもとの効果的なコミュニケーションを学ぶためのバイブル的存在です。この本の著者は、ほめることについても重要なアドバイスをしています。ただ「すごい！」などとほ

めるのではなく、**「ほめられるべきことは何か」**を、子どもに**説明すること**が大切だというのです。

　例えば、子どもが絵を見せに来たら、ただ「きれいな絵！」と言うのではなく、「まあ、赤と黄色と緑と紫を使ったのね。たくさんの丸をいくつもいくつも描いたのね」と、子どもの絵を具体的に言葉にして説明します。子どもは、自分が成し遂げたことを母親の口から聞いて、誇らしい気持ちになります。子どもが半ば期待している「すごい」「きれい」などは、わざわざ言う必要はありません。説明をすることで、十分にその気持ちを示すことができるのです。

　たいていの子どもたちは、ほめられたいというより、ただ「見てほしい」のです。子どもは親がちゃんと見てくれさえすればいいのです。これが、「説明してほめる」方法のすごいところです。そしてこれは、親にとっても簡単な方法です。「高いジャンプだったね！」のように、ただ見たままを言葉にすればいいからです。子どもにはちゃんと「わあ、そんなに高くジャンプできるなんて信じられない！」とあなたが思っていることが伝わります。

　この「説明してほめる」方法は、わが家でもその効果を確認済み。ただ、ここで大切なことをひとつ。この方法では、説明をしっかり理解して初めて、ほめられていると実感することができます。ですから、説明部分は日本語ですることをお勧めします。説明部分では、子どもがしていること、できたことや、つくったものに関して詳細を述べる必要があります。この本にある英語のほめ言葉は、英文の最後にある「！」マークのようなもの。**「日本語の説明＋英語のほめ言葉」**という形を取るのがいいでしょう。例えばこんな感じです。「食べ終わったお皿を片づけられたね。How helpful.」。この方法なら、ほめられた内容をしっかりと理解しながら、英語でのほめ言葉も受け取ることができます。

▶ 5. あなたらしく

　人として、親として、皆、それぞれ違います。それぞれに長

所、そして短所があります。親である前に、私たちはひとりの人間。親になったからといって、急に立派な人間になれるわけでも、前より良い人間になれるわけでもありません。

　自分の役割は、親になってから変わるかもしれませんが、自分が変わるわけではありません。ですから、英語でほめるときにも、自分に無理のないやり方を見つけてください。**ママ友の前で英語で話すのがイヤだなと思うなら、無理はしないことです。**家に帰って、子どもとふたりになったときに、ほめてあげればいいのです。

　どんな方法が自分に一番ぴったりか、徐々に見つけてゆきましょう。無理なく続けられる方法が、結局は一番効果的なのです。

▶6. ほめすぎに注意

「ほめるときを選ぶ」のところでもお話ししましたが、ほめすぎには注意が必要です。もし、あらゆることにGood job.やGreat work.と繰り返したら、その言葉のありがたみは薄れてしまいます。これでは逆効果です。

　そういう私も失敗しています。娘は髪を結わくことが大の苦手で、結ぼうとするとものすごく怒るのです。ある日、やっとのことでポニーテールにしたときのこと。私と夫はほっとして、ポニーテールを指して、興奮気味に何度もSo cute!と繰り返しました。せっかく結んだ髪の毛をほどかれるのがイヤだったので、こちらも必死です。これは娘に効きました。効き過ぎました。娘はそれ以来、ポニーテールがso cuteという名前だと思い込んでしまったのです。

　以来、髪を結ぶと必ずSo cute!と言うようになりました。それだけでなく、ご近所さんや、保育園の先生、おばあちゃんにも、頭を指して、So cute!と言って回っています……。本人は「見て！　髪の毛を結んだの」と言っているつもりなのですが、周りにしてみたら、自分のことを指して「かわいいでしょ！」と繰り返し繰り返し言っているにすぎません……。ほめすぎの恐ろしさを、私は今、身をもって感じています。

　もうひとつは**「外見のほめすぎに注意」**ということ。外見を

変えることはできません。もし、外見ばかりほめられて育ったなら、大きくなったときに、努力よりも、「見た目が一番大事」と思ってしまっても不思議ではありません。なぜなら、かわいいというだけで、いつも皆から注目され、愛されてきた「実績」があるからです。赤ちゃんに対して「世界一かわいい！」というのを止める必要はありませんが、大きな子には注意が必要。ほめるときには、特に外見に関係ないことでほめるようにしましょう。

　同じような理由から、「知性や能力」をほめることにも注意が必要です。「頭がいい」「天才」などと言われて育った子は、努力をしなくなる、という調査結果もあります。「自分なら簡単に成功できる」と思うようになってしまうからです。そして普通の子、つまり努力しないと成功できない、と考えている子ほどには、努力しなくなるのです。

　これは才能にも当てはまります。今、小学生になる友人の娘さんは、小さい頃からピアノが得意でした。本当になんでも簡単に弾きこなすため、先生は「あなたには才能があるわ」と、繰り返し娘さんの「才能」をほめていたそうです。そのうちに、娘さんはあまり練習をしなくなったといいます。そして、小さい頃は同い年の子たちと比べて、はるかに進んでいたのですが、今では遅れをとっていると、友人はなげいていました。せっかくの才能も、ほめすぎによってつぶされてしまうのは、本当にもったいないことです。

　知性や才能、外見の美しさというものは、生まれながらのものです。自分自身で変えることはできません。親はこれらの生まれつきのギフトに関して、子どもをほめすぎてはいけません。子どもに「自分はすごく特別だ」という感情を抱かせることのないよう、注意をしなければなりません。**ほめるべきなのは、子どもが簡単にできることではなく、「できないこと」なのです。**なかなか上手くいかないけど頑張っている、その「熱意や努力」こそ、親がそれを認め、ほめて伸ばしていくところです。

　「才能や知性よりも、努力をほめられて育った子は、自ら難し

い課題に挑戦するようになる」という調査結果もあります。逆に、知性や才能をほめられて育った子は、自分が成功できると思うことにしか手を出さなくなるそうです。優秀、天才、と言われて育った子は、努力すること自体を止めてしまうのですね。

▶ 7. 子どもを知る

子どもの性格はそれぞれ違います。個性が強い子もいれば、そうでない子もいます。自信に満ちあふれている子もいれば、ものすごくシャイな子もいます。すごく頑固な子も、周りにすぐ同調する子もいます。**その子の性格によってほめ方も変わってきます。**

こんな興味深い調査もあります。生まれつき自己肯定感のある子（自分に自信がある子）は、ほめられるとさらに自信をつけるようになります。自分を信じることは、とても自然なことだからです。自己肯定感が低い子（自分に自信のない子）は、ほめられると、次に挑戦することを止めてしまいます。なぜなら、「前のように上手くいかなかったらどうしよう」と不安になるからです。ほめられると止めてしまう子がいるのは、このためです。もし、お子さんが後者のタイプであれば、ほめすぎには注意しなければなりません。また、ほめるときには、結果ではなく、努力に注目することを忘れないようにしましょう。

▶ 8. 自分にしっくりくるフレーズを選ぶ

英語でほめ始めると、自分の性格やコミュニケーションスタイルに気づくようになります。そして、どのフレーズが自分にしっくりくるか分かるようになります。

例えば、いくつかのフレーズは、とても「アメリカ的」で恥ずかしすぎるという人もいるでしょう。そう感じたら、使わなくて大丈夫。飛ばしてください。自分らしくないフレーズは無視して、そのフレーズを使う自分が想像できるものを選んでください。**ここにあるフレーズは、周りのネイティブママが使っているものもあれば、私の定番フレーズ、そして昔から使われているトラディショナルなものもあります。**ですから、自分に

しっくりくるものが何かしらあるはずです。

1つの項目で、たいてい4つのフレーズを紹介していますが、全てを覚える必要はありません。私だって使っているのは、お気に入りの1つか2つです。まずは1つ使ってみましょう。さらに余裕があれば、後から増やしていけばいいのです。

「すてきなおまけ」とは？

フレーズをご紹介する前に、最後に一言「すてきなおまけ」についてお話しします。**子どもをほめることで、子育てが変わります。家の雰囲気が明るくなります。**ポジティブな言葉が交わされ、「ありがとう」が飛び交い、お互いにほめ合うようになるからです。これは雪だるま式に膨らんでゆきます。子どもを励ます言葉を使い始めれば、それはあなた自身にも影響を及ぼします。

私自身がそうでした。親となってから、大切なことをいろいろ学びました。皆、母親になって初めて、自分がどんな人間か分かるようになるのかもしれません。私自身、自分がこんなに忍耐力がないとは、思ってもみませんでした。実際、全くもってがまんができないのです。でも子育てには忍耐が必要です。

子どもは何をするにもひどく時間がかかります。ですから、子どもが何かを終えるまで、教えつつ、延々と待たなければなりません。子どもの時計は私たちの時計とは違っている、そのことに私はなかなか慣れることができませんでした。その上、子どもの気分はころころと変わります。

私は、自分のイライラが娘にばれないようにしなければなりませんでした。そのために役に立ったのが、この本でご紹介するほめ言葉の数々です。私が大声を上げているときであっても、**口から出る言葉がポジティブなものでさえあれば、イライラが爆発することをなんとか抑えてくれる**のです。

こんな本を書いているので、勘違いされるかもしれませんが、私はいつも冷静で怒らない理想的な優しい母親……などでは決してありません。しょっちゅう怒っていますし、大声も出

します。何かに動揺したときには、怒鳴りもします。この本には、ポジティブな場面が多く描かれているため、完璧なママのイメージを持たれてしまうかもしれませんが、私自身は正反対の人間です。周りの多くのママたちと同じように、疲れて不機嫌なときもたくさんあります。だからこそ、使う言葉だけはとても気をつかいます。ポジティブでハッピーな言葉など、自然に口をついては出てこないからです。もちろんいつも上手くいくわけではありませんが、頑張っていますし、その違いも感じています。そして、娘のためであれば、ポジティブな言葉を話すというちょっと面倒なことでさえ、やる気になるというものです。母親なら、きっと私の気持ちは分かっていただけると思います。**子どものためなら、母親は頑張れる**ものなのです。

💗 もっと自分をほめよう！

　最後に、ママたちにもっと親としての自分をほめてほしいと思います。考えてもみてください。子育てというのは大変な仕事です。子どもをほめることが大切なのと同じように、自分自身を、自分の子育てをほめる必要があると思います。子どもの頑張っている部分を見つけてほめるのと同じように、自分の頑張っている部分を見つけて、ほめるのです。ママたちはすごい仕事をしているのです！　だって、母親になる前はだれも、その準備などしていなかったのですから。

　私たちは、自分自身の人生を生きながら、同時に母親業を学んでいる、これは本当に大変なこと。それなのに、私たちは自分自身のことを、ひどく批判してしまいがちです。そんなに自分に厳しくしないで、優しくてもいいのではないですか？　**ほめ言葉を日常的に使うことで、子どもだけでなく、自分にも優しい視線を向けることができるようになります。**

　この本の中のフレーズで、あなたの母親としての毎日が少しでも楽しく、楽になれば、これ以上うれしいことはありません。

第 **1** 章

魔法の言葉、マジックフレーズ

マジックフレーズで、英語のシャワーを

 私が娘を励ますときに、他のフレーズよりも頻繁に使う言葉があります。これらを私は

Magic Phrase（マジックフレーズ）

と呼んでいます。
 子育てに使えるマジック、魔法は残念ながらありませんが、**これらの言葉はどんな時にでも使えて、子どもの生きる力を育むことができる魔法のようなフレーズ。**単にほめたり、慰めたりするだけではなく、子どもの「努力」や「意欲」に焦点を当てているのがポイントです。

●子どももすぐに使い出す

 娘が小さい頃、自分の言っていることがちゃんと通じているのかどうか不安になることがよくありました。こんな小さな子どもが、どのくらいちゃんと理解できるのだろうと。でも子どもというのは、私たちが思う以上に、よく聞き、よく理解しているものです。娘もいつの間にか、同じフレーズを使って、私のことをほめてくれるようになりました。
 ある日、私が堅い風船を一生懸命に膨らませると、娘が突然、「Mama, you did it!（ママ、やったね！）」と言ってくれたのです。ただ、フレーズを覚えただけではなく、正しい状況で使えたことに驚かされました。子どもの脳は柔らかく、あっという間に物事を関連づけて理解してしまうのですね。
 私は、特にフレーズを覚えさせよう、言わせようとしていたわけではありませんが、マジックフレーズは簡単でリズムが良いので、耳に入りやすく、覚えやすいようです。きっと使って

みたくなるのでしょう。

●子どもの自信、自己肯定感を育てる

　マジックフレーズは、子どもを励ます言葉です。**使い続けることで、子どもの自信、自己肯定感を育てることができます。**子どもが初めて触れる英語だからこそ、このようなポジティブなものがぴったりなのです。欧米の子どもたちだって、同じような言葉をママからたくさん浴びて育ちます。

　マジックフレーズはあまりにシンプルなので、英語好きなママであれば、「こんな簡単でいいの！？」と、ちょっと心配になるかもしれません。でも、大丈夫。それだからこそ「魔法」なのです。初めて子どもに英語で話しかける方や、英語ってちょっと難しいと思っている方には、とても使いやすいはずですよ。

　この本のフレーズは、ネイティブスピーカーが実際に日常的に使っているものばかり。ですから、もし「簡単だなぁ」と思えたなら、それはそれでOK。というのは、日本人ママ向けにわざと簡単なものばかりを選んでいるわけではないからです。**ネイティブママの使っている英語は実はこんなにシンプル！**今この本を手に取ってくれたあなたの毎日に必要な英語も、思っている以上に親しみやすいものばかりなのです。

●とにかく使ってみよう

　マジックフレーズがあれば、英語でほめる準備、ひいては英語子育ての準備は整ったも同然。忙しくて本を全部読む時間がない方や、英語に苦手意識がある方は、まずはこの章のいくつかを覚えて使ってみましょう。気がついたら口から出ていた、というくらい、繰り返し子どもに話しかけてくださいね。

　マジックフレーズを使い続けると、子どもの英語に対する興味がぐっと上がります。ママのストレスにならない程度のフレーズで、楽しみながら始めてみましょう。

マジックフレーズ①
2 いつでも、どこでも、だれにでも

02, 58

ユーディディットゥ
You did it. 「やったね」

　どんな場面でも使える便利なほめ言葉です。子どもが何かできたときには、すぐに声をかけてあげましょう。この言葉は、単に結果だけではなく、その間の努力もほめるニュアンスを含んでいます。子どもも「また頑張るぞ」という気持ちになることができます。自信が持てるようになるんですね。

　このフレーズの前に、子どもができたこと、子どものつくったものなどを指してLook!（見て！）と言ったり、驚いた顔をしてWow!（わぁ〜！）と言ってもいいですね。ママも子どももきっと笑顔になれますよ。

　本書のフレーズの中で「！」がついているものは、特にテンションを上げて発音しやすいものです。

もっとほめてみよう！

Nice! 「いいね！」
ナイス

　私自身は、Nice!をとてもよく使います。どこが良かったのかの説明と一緒に使うようにしています。
　「たくさんの色を使って絵を描けたね。Nice!」のように、日本語の説明と一緒に使ってもいいですね。
　ちなみに、niceはこの本に出てくるgood に置き換えて、広く使うことができます。だからNice job. でもいいんですよ。このことを覚えておくと、フレーズの幅がぐっと広がります。

Nice going!
ナイスゴゥイング

You've got it. 「当たり」
ユーヴガデェトゥ

　何かを理解できたときに。例えば次のように使います。花を指さして「何色？」と聞いて、子どもが正しい色を言えたらYou've got it. と返します。
　もし、you'veの発音が難しければ、You got it. と言ってもOK。文法的に正しくはありませんが、多くのネイティブママがこう言います。私もそうです。この台詞（せりふ）を使うときには、「一気に速く」言うのがポイントです。

Good job. 「よくできたね」
グッジョーブ

　子どもへのほめ言葉の王道なので、聞いたことがある方も多いでしょう。本当によく使います。この場合のjobは「仕事」というより「すべきこと」といった広い意味。積み木でも、テストでも、子どものしたことを指しています。jobを使わずに、ただGood! と言うだけでもOKです。

魔法の言葉、マジックフレーズ　35

マジックフレーズ②
3 子どもにもっと「ありがとう」

03, 58

センキュー
Thank you. 「ありがとう」

　もちろん皆さんが知っている言葉です。でも私が一番使うのもたぶんこれ。だから、あえてメインフレーズに持ってきました。実際私のママ友も、子どもに向かって Thank you. を頻繁に使っています。簡単ですが、とてもパワフルな言葉です。子どもは、感謝の気持ちにちゃんと応えてくれます。

　子どもも「ありがとう」を言われるのが大好き。ママに感謝されることができた、ママを喜ばせることができたということは、子どもにとってとてもうれしいことなのです。たくさんの Thank you. で、その気持ちを伝えてあげましょう。

もっとほめてみよう！

That's my girl/boy. 「さすがママの子」
ザッツマイガール/ボーイ

子どもが誇れるようなこと、「自分ってすごい！」と思えるようなことをしたときに、言ってあげましょう。これは「ママの子どもだってことを誇りに思うわ」のかわいい言い方です。

How sweet! 「なんて優しいの！」
ハゥスウィートゥ

こちらのsweetも「優しい」という意味。How sweet of you!を短くしたものです。Howは子どもに話しかけるときによく使う単語です。

How nice!
ハゥナイス

That's so nice. 「優しいのね」
ザッツソゥナイス

このniceは「優しい」という意味。That was so nice of you.を短くしたものです。前のページのNice!（いいね）とは意味が違うので、使う場面に気をつけてくださいね。

So kind.
ソゥカインド

Japanese Mama から　英語の成長記録をつけよう

手帳やカレンダーの端っこでかまわないので「英語の成長記録」をつけておくことをお勧めします。毎日でなくてかまいません。「初めてYesと言った」「英語の歌を真似して歌っていた」といったように、「おや？」と思ったことをメモしておくだけです。本当に英語が身についているのか不安になったときに、前の記録を眺めてみてください。焦りが消えるはずです。

魔法の言葉、マジックフレーズ

4 マジックフレーズ③
びっくりしたわ！

04, 58

Wow! ワァオ 「わぁ〜！」

　小さい子なら特に、親が自分のしたことに驚いたり、興奮しているのを見るととても喜ぶものです。この短い一言で、気持ちはすぐに伝わります。そして、「これをすれば、ママはすごくうれしいんだな」と理解するようになります。

　Wowと言うときには、声のトーンや表情にも注意。子どものしたことに感心し、ワクワクしている感じを出してください。

　Wowは次の文のように、他のフレーズの前や後につけて使うこともできます。You did it. Wow!（やったね。わぁ〜！）

　また、ここに出てくるフレーズは、どこが良かったのかの説明と一緒に使ってもOK。説明部分は日本語で。

「Wow!　ブロックを高く積めたね」

Yay!（イェイ）「イェイ！」

　小さい子は、この言葉が大好き。特にママが手をたたきながら言えば、大喜びです。言うときのトーンも大切に。興奮した様子でママが使っていれば、子どももすぐに真似するようになります。簡単で楽しいフレーズですから、子どもと一緒に言えるようになったら、英語がもっと楽しくなりますよ。

Hooray!（ホゥレイ）「やった！」

Look at you!（ルックアッチュー）「すごい！」

　関心するようなことや、なかなかできないことをしたときに。「頑張ってること、ちゃんとやったことを、ママはすごいと思っているよ」とこの言葉で伝えると、自信が持てるようになるものです。靴を自分で履こうとしている、自転車の練習をしているなど、何かに必死に取り組んでいたら、Look at you!　努力している子にぴったりの言葉です。また、「良い結果」に対して、例えばテストで100点を取ったときなどにも使えます。

Super.（スゥパァー）「うわっすごいわ」

　That was super. を短くした表現です。私は、娘が本当にすごいことをしたときにだけ使います。もしくは、もっと励ましてあげた方がいいかな、と思うときに使うこともあります。

　わが家には、狭くて急な螺旋階段があります。危ないので、娘がのぼろうとするときにはいつも後ろについていなければなりません。私と手をつなぎながら、ゆっくりと階段を上がる練習をするときには、Look at you! と言って励まします。そして、なんとか最上階までのぼれたときには、Super. で締めくくります。

マジックフレーズ④
5 ぐずぐず、イヤイヤのときには

05, 58

ユアーオゥケイ
You're OK. 「大丈夫だよ」

　ぐずっている子どもをほめたり、励ましたりするのは大変。そんな時に上手に言葉をかけることができたら、ママだってイライラせずにすみますよね。このフレーズは、「そんな時もあるよね」という共感の気持ちを子どもに伝えることで、リラックスさせる効果があります。
　例えば、クマの靴下を渡したら「ペンギンじゃなきゃやだ〜」と泣かれたときなど「なんでそんなことで泣くの！？」と思ってしまうときにぴったりです。慰めてはいますが、そんなに深く同情している言葉ではありません。
　こうでも言わなければきっと、「そんなことで泣くことないでしょ！」と言ってしまうかもしれませんよね。

No thank you. 「せっかくだけど」
（ノーセンキュー）

顔を真っ赤にして「やだやだ！」と言っているときにどうぞ。日本語の「やだ」はとても強い言葉。娘が大声で「やだ！」と叫んでいるとき、私はすかさず「No thank youでしょ」と言います。そうすると、娘は小さな声で「No thank you...」と。

この言葉には本当に助けられています！　ガミガミと怒らずにすむばかりでなく、娘もこのフレーズを口にすることで次第に落ち着き、何がイヤだったのかをぽつぽつと話し出すからです。

ママ自身が子どもに「やだ！」と言いたくなったときにも使えますよ。

I'm sorry. 「分かるよ」
（アイムソーリー）

子どもの気持ちに寄り添う言葉。I'm sorry you feel that way.（そんなふうに思っていたのね。分かるわ）、I'm sorry this is tough for you.（大変だってこと分かるよ）などと言ってあげてもいいですね。また、I'm sorry. は「残念だったね」という意味でも使えます。「ごめんなさい」の意味はここにはありません。

I know. 「分かってるよ」
（アイノォ）

こちらも、共感の表現です。I know that this is hard for you.（大変だってこと、ママは分かってるよ）、もしくは I know that you're really frustrated right now.（今、とってもイライラしてるってママは知ってるよ）を短くしたものです。子どもがかんしゃくを起こしたとき、I know. I know... と繰り返しながら、抱っこしたり、背中をなでたりすると、ママも子どもも落ち着くことができます。

魔法の言葉、マジックフレーズ

マジックフレーズ⑤
6 大好きをもっと伝えよう

06, 58

ママラヴジュユー
Mama loves you. 「大好きよ」

　愛情表現の仕方は国によっても、人によってもさまざま。私自身は、他に I love you. と言ったり、I love you so much. と言ったり、love という言葉をよく使っています。文化の違いもあるかもしれませんが、私自身の性格もあるかもしれません。
　まずは、小さいお子さんに使ってみましょう。どうでしょう。言えそうですか？　慣れてきたら大きなお子さんにも使ってみてください。

Mama's so proud. 「ママの誇りだわ」
<small>ママスソゥプラウド</small>

　子どもが初めて何かをしたとき、とても上手にできたときに。「あなたはママの誇りよ」「あなたのママで良かったわ」「ちゃんとできてすごいわ」といった意味です。proud（誇る）というと、なんだか大事のようですが、小さなことでかまいません。私は娘が初めてパジャマをひとりで着られたときにこう言いました。

　学校などで先生からほめてもらったときに「先生が〜と言ってたよ。Mama's so proud.」と伝えてみるのもいいですね。Mama's は Mama is の短縮形です。

<small>アイムソゥプラウド</small>
I'm so proud.

I'm so lucky. 「ママはラッキーね」
<small>アイムソゥラッキー</small>

　もし、love や proud を使うのに抵抗があるようでしたら、こちらをどうぞ。これは I feel so fortunate to be your parent.（あなたの親で本当に幸運だわ）の簡単な言い方です。この言葉で十分に愛情を表すことができますよ。

<small>ママスソゥラッキー</small>
Mama's so lucky.

Japanese Mama から　loveと言えない

「愛する」という日本語は、普段の私たちの生活の中では、なかなか登場してこない単語です。ですから、love＝愛する とインプットされてしまうと、使うハードルがとても高くなってしまいます。I love you. 私もずっと言ったことありませんでした。ただ、このlove、本当に日常的に使われています。I love chocolate.（チョコ大好き）、I love it.（それいいね）など。「大好き」くらいのイメージで、使っていいんですね。

7 マジックフレーズ⑥
赤ちゃんを英語であやそう

07, 58

フーズゴージャス
Who's gorgeous? 「美人さんはだれ？」

　赤ちゃんには、親バカなフレーズもいいものです。大きな子どもたちの場合、努力に目を向けた方がいいのですが、赤ちゃんだけは例外。たくさんほめるために、見た目のかわいさもどんどん英語で表現しちゃいましょう。男の子にも使えます。「イケメン君はだれ？」ですね。beautiful（きれい）や so cute（すごくかわいい）を使ってもいいですよ。ちなみに Who's は Who is の短縮形です。

　またこの頃は、ママの英語をどんどん試せる時期。子どもの反応を気にすることなく、どんな言葉や言い回しが自分にとって使いやすいのか、チェックすることができますよね。たくさんほめて、思い切り楽しんじゃいましょう。Enjoy!

Well hello there! 「あら、こんにちは!」
（ウェルハローゼア）

英語での「いないいないばぁ」はpeek-a-boo（ピカブー）と言いますが、これも似たようにして遊びます。手やタオルで顔を隠し、ぱっと顔を見せながらWell hello there! を繰り返しどうぞ。

thereの部分をbeautiful（きれい）やhandsome（ハンサム）に変えれば、親バカ度はさらにアップします!

Who loves you?「大好きなのはだれ？」
（フーラヴズユー）

赤ちゃんは繰り返しが大好き。何度も同じように問いかけてみましょう。英語で赤ちゃんをあやせるなんて、ちょっとすてきですよね。

赤ちゃんへの問いにはもちろん返事がないので、代わりにママ自身がMama does! と答えて会話にしちゃいましょう。こんなやりとりを聞かせることも、言葉の成長につながるかもしれません。まあ、かわいいわが子にただ単に声をかけたいだけかもしれませんが。

Looking all around.「ちゃんと見てるわよ」
（ルッキングオーラウンド）

赤ちゃんがあちこち「探検」しようとするときの一声。安心して遊びなさい、という意味が込められています。5年間の間に、4人の孫のおばあちゃんとなった母の口癖で、私のお気に入りの一言でもあります。

8 マジックフレーズ⑦ 小さい子に英語のシャワーを

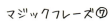

🔴 08, 58

ワットエフォート
What effort! 「すごい努力ね！」

　成功、失敗にかかわらず、頑張っている子どもに使うことができます。私のお気に入りのフレーズです。例えば、子どもが一生懸命ボタンをはめようとしているとき、上手くいってもいかなくても、What effort! でOK。

　小さな子はママの英語にあれこれ言うことはありません。この時期、たくさんの英語を使ってみることは、そういった意味でもお勧めです。きっと自分にあった言い方やレベルが分かるはずです。

　しっくりきたフレーズがいくつか見つかったら、どんどん子どもに話しかけてみましょう。そうすることで、さらに自分の言葉にすることができますし、子どもとも英語でコミュニケーションが取れるようになってきます。

もっとほめてみよう！

You did great.「よくやったね」
<small>ユーディドゥグレイトゥ</small>

　これは、You did it.（やったね）と Good job.（よくできたね）を合わせたような言葉です。greatを使うことで、もっとほめたい、認めてあげたい、というママの気持ちを表すことができます。greatの代わりにいろいろな形容詞を入れることもできます。super（素晴らしい）やawesome（すごい）を使ってみるのもいいですね。

Well done.「上手ね」
<small>ウェルダン</small>

　That was well done. を短くしたものです。きちんと最後までやれたとき、Good job.（よくできたね）の代わりに使えます。どんなふうにちゃんとできたのかを、まず説明してあげるといいですね。この説明は日本語で。
「こぼさずに食べられたじゃない！　Well done.」

That's right.「その通り」
<small>ザッツライト</small>

　しゃべれるようになってくると、ママが恐れる「質問期」が始まります。自分自身に問いかけている、なんてことも！　私は、すぐに質問に答えるのではなく、なるべく子どもが自分で答えを見つけられるようにしています（面倒くさがっているわけではありませんよ！）。そして答えが出せたときには、すかさずThat's right.

マジックフレーズ⑧

大きな子には遊び心あふれるほめ方で

09, 58

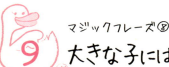

You did that? 「あなたがしたの？」
ユーディドゥザットゥ

　冒頭でもお話ししたように、大きくなるにつれて、ほめることが難しくなってきます。多くの子どもが望んでいるのは、親にちゃんと自分を見てほしいということ。努力や成果を親が分かっていてくれさえすればいいのです。もちろんGood job.（よくできたね）のようなフレーズを使うのはいいのですが、使いすぎると大きな子には逆効果になることも！

　この質問の良いところは、ほめるだけでなく、そのことについてたずねていることです。質問されたら、子どもは喜んで話し始めるはずです。

ハウディドゥユードゥザットゥ
How did you do that? 「どうやったの？」

もっとほめてみよう！

No way! 「信じられない！」
ノーウェイ

　ちょっと冗談っぽくほめることも、大きい子には効果的。「信じられない」という言葉に反応して、もう1回やってみたり、どんなふうにやったのかを説明したり。こんな遊び心あふれるフレーズで、子どもの達成感を共有できたらいいですね。

You did that? No way! と組み合わせてもOKです。

I can't believe it!
アイキャントビリーブイトゥ

You decide. 「決めていいのよ」
ユーディサイド

　成長するにつれ、だんだんと自分で決定する局面が増えていきますが、まだまだ子ども。不安になることも多いはずです。そんな時どうすべきかを教えるよりは、「信じてるから、失敗を恐れずに自分で思ったようにやってみようよ」という気持ちをこのフレーズで伝えてください。

Your decision.
ユァディシジョン

Japanese Mama から　英語塾に行かせているのに

　大きい子になると「間違えたら恥ずかしい」という気持ちが出てきます。何年も英語塾に行っているのに、まったく話すようにならない、という子は、もしかするとこういった気持ちが強いのかもしれません。カリンも言っているように、子供が一番話をしたいのは母親です。そして失敗しても、間違った英語を話しても恥ずかしがらずにすむのも母親。リラックスして英語を話す環境を与えられること、それは私たちだからできることなのですね。

日本人ママの目線❶ 日本人の発音で大丈夫？

　日本人ママとして気になるのが、発音の問題です。自分が教えることで日本人英語になってしまうのではないかということです。私も同じような疑問を抱えていました。そこで「レアジョブ英会話」というインターネット英会話を通じて、フィリピン人英語教師にインタビューをし、「親が英語で話すこと」に関して質問をしてみました。

　同じアジアの国、フィリピンでは、フィリピン語（タガログ語）と並んで英語が使われています。学校教育は、基本的に英語で行われ、教科書も英語。そのため、多くのママたちが、子どもが小さい頃から、タガログ語（もしくは地域の言葉）に加えて英語で子育てをしているのです。母語でない英語で子どもに話しかける、という意味において、フィリピン人ママは私たちの先輩にあたります。

　私は発音の上手な先生を見つけるたびに、どうやって発音を身につけたのかを聞いてみました。その数は50名以上にのぼりました。多くの方が「コールセンターで仕事をする中で」「上司がアメリカ人だったから」「高校のときに集中的にトレーニングをしたので」と、後に自分自身の努力で発音を身につけた、と答えたのです。つまり、「発音は大人になってからなおせる」ということです。

　まずはこれで一安心。たとえ、子どもの英語が私のように日本人英語になってしまったとしても、大人になってから、いつでも修正はできる、英語教師になれるレベルにまで上達が可能、ということが分かったからです。

　そしてもうひとつ興味深い事例を何度も耳にしました。それは、「親はタガログ語なまりだけど、子どもはアメリカのアクセントを身につけている」という話です。今の子どもたちは、小さい頃からアニメ、歌、DVDなどを通じて、たくさんのアメリカ英語に触れているため、自然とアメリカのアクセントを身につけてしまうというのです。日本でも、今ではインターネットを通じて、無料のネイティブ素材を手に入れることができます。そういった本物の英語をたくさん聞かせることで、子どもの発音が鍛えられるのであれば、これは真似しない手はありません。

　あるフィリピン人ママの言葉が印象的でした。「発音なんか気にしない。だっていつでもなおせるから。母親の役割は、子どもを英語の世界に案内することなのよ」

第 2 章

頑張っている子どもに声をかけよう

いつでも何かを頑張っている子どもに

　新しいことへの挑戦は、子どもにとってフルタイムのお仕事。とにかくやってみたり、失敗したり、成功したり、その経験から学んだり。そんな学びのサイクルが、わが家でも日々繰り返されています（これは母親としても同じく学びです）。

　このサイクルのそれぞれの段階で、子どもたちをほめる機会があります。多くのほめ言葉は、子どもの成長を助けるものですが、それだけでなく**「結果」より「努力」が大切だと教えることができます**。ほめ言葉は、子どもが成功したときや、いい子にしていたときのためだけにあるのではありません。それよりも**むしろ失敗したときにこそ、必要なのかもしれません。**

　子どもは小さい頃、とにかくなんでも頑張ろうとします。その特徴を伸ばすことは、人生を自分の力で生きていくために大切なことです。日々成長するわが子に、できるだけたくさんこの章にある言葉をかけてあげられたら、と思います。

　そして、何かをやめてほしいときというのもありますよね。例えば、混雑した電車で大声をあげる息子を止めたい、トイレの列でメソメソする娘に泣き止んでもらいたいときなどです。**この章の最後の2つの項目は、どのようにがまんをしてもらうか、おとなしくしてもらうかを扱っています。**

●ほめ言葉の威力

　私自身、ほめ言葉の効果が身にしみたことがありました。娘の保育園は家から自転車で10分ほどですが、雨の日は電車、もしくはタクシーの出番となってしまいます。私の育ったニューヨークやカリフォルニアでは、自転車に乗る習慣がなかったので、近所のママたちのように、子どもをぬらさずに運転する自信がないのです……。

ある雨が強い日のお迎えのとき。娘は大好きな地下鉄に乗りたいと言い出しました。保育園は2つの駅の真ん中にあり、私の足でも10分、子どもの足では倍の時間がかかります。
　最初、娘は楽しそうでした。自分の傘を持てるのがうれしくて、水たまりの中をジャブジャブと歩いたり、通り過ぎるタクシーに話しかけたり（私は「あぁ、あのタクシーに乗りたい……」と思っていましたが）。そんな幸福な時間は長くは続きませんでした。突然娘は、「びしょぬれだし、傘は重いし、もう歩きたくない！」ということに気がついたのです。
　雨は激しくなるものの、片手に傘、片手に荷物を持った私は、娘を抱っこすることもできません。とにかく娘を励まして、駅にたどり着かなければなりません。
　駅に着くまでの20分間の間に、この章にあるほぼ全てのフレーズを使ったと思います。いくつかは自分を励ますためにも使いました。いくつもの励ましの言葉に、娘は元気を取り戻し、私たちはなんとか駅に到着。ずぶ濡れで、寒かったのですが、誇らしい気持ちもありました。そして娘にはご褒美もついてきました。そうです、やっと地下鉄に乗れるのです（1駅ですが）。私はこの日の出来事から2つの大切なことを学びました。
1　ほめ言葉には、大きな力があること
2　雨が激しい日には、タクシーを使うこと

●人前で英語を使いたくないときには

　この章には、公共の場面を想定したものがあります。公園でママ友と一緒のときに子どもに英語で話しかけたくないな、と思ったら、小さな声で子どもの耳にささやいてみましょう。ほめ言葉を家に着くまで取っておいて、今日どんなところがえらかったのかを話して聞かせてから、ほめてあげてもいいですね。
　仕事から帰ってきた父親に、子どもの頑張りを子どもに聞こえるように話すという手も。ほめられていることが分かった子どもに向かって、父への報告が終わった後、おもむろに英語でほめてあげましょう。

2 ただいま挑戦中！

Keep going. 「その調子」
キープゴイン

　公園の「お山」にのぼっているときなど、私の娘は途中で止まって、「こんなに上まで来ちゃった……」と躊躇することがあります。子どもが自信をなくしているのを見ると、つい手を貸してあげたくなりますが、そこはぐっとがまん。こんな時にこそ多くを学ぶことができるからです。そう考えなければきっとすぐに駆け寄って、抱っこして上まで持ち上げてしまうかもしれません。
　実際に手で娘を押し上げる代わりに、このフレーズを使い、子どもの気持ちを盛り上げます。Keep going. というフレーズは文字通り、「そのまま進め」という意味なので、体を使って何かを頑張っているときにぴったりです。また、何らかの課題や仕事を終わらせようと頑張っているときにも使うことができます。

You can do it.　「できるよ」
(ユーキャンドゥイットゥ)

子どもが自信をつける必要があるときに使います。この言葉で、子どもに「ママはあなたを信じているし、あなたにはその能力があるよ」と伝えることができます。

私がこの言葉を使うのは、娘が日本語で「できない！」と言い出したとき。「できない」は子どもの常套句ですが、そう言わせたままにさせないように、私は You can do it. と伝えます。このフレーズは Keep going. の前や後において一緒に使ってもいいでしょう。

Almost there!　「あとちょっと！」
(オールモストゼア)

あともう少しでできる、というときに。there は子どもの目指すゴールを示しています。「あとちょっとで成功するよ」という意味です。Keep going. と同じ、前に進んでいく感じの表現ですね。

また、ちょっと使い方は違いますが、これはドライブで親がよく言う台詞（せりふ）です。「まだ着かないの？」と聞く子どもに Almost there!「あとちょっと！」と答えます。

What a hard worker.　「頑張りやさんね」
(ワッタハードワーカー)

このフレーズは、頑張っているときにも、まだまだのときにも、成功したときにも使える便利なものです。成功した事実よりも、子どもの努力に焦点を当てています。この言葉を使えば、私たちは「努力が大切」ということを子どもに教えることができます。そうすることで、子どもは何か新しいことをするときにも頑張れるようになります。

What hard work.　「頑張った（てる）ね」
(ワットハードワーク)

頑張っている子どもに声をかけよう

3 まだできないよ……

レッツトライアゲイン
Let's try again. 「もう一度」

　子どもがもっと頑張りたい気分のときに言ってみましょう。「できるまでやってみよう」という気持ちにさせる一言です。
　頑張っていることが上手くいかずにイライラしているときの声かけとしてもよく使われます。そんな時にはnext time（次に）をつけ加えることで、区切りをつけることができます。娘は、nextと聞くと、素早く他に注意を向けようとします。この言葉で「今はおしまい」ということが分かるようです。つまり「また次がある」ということですね。
　公園から家に帰りたいときや、パズルなどに集中してなかなか終わりにしてくれないときにも使えるフレーズです。

もっとほめてみよう！

So close. 「おしい」
ソゥクロゥス

　まだ新しいことが上手にできなくても、大丈夫。このフレーズなら、子どもの「チャレンジするぞ」という気分を壊さずに、気持ちを切り替えさせることができます。公園で鉄棒を頑張る男の子に、このように声をかけているお父さんを見たことがあります。私も、娘が上手に洋服を着られないときにこう言います。
　Wow. So close. You did great.（わぁ〜。おしい。よくやったね）など、マジックフレーズを前後につけて、子どもを盛り上げていきましょう。

You did your best. 「頑張ったね」
ユーディドゥユアベスト

　失敗してしまったときにはこんな言葉を。この your best は、子どもの努力を指しています。つまり正確な意味は「あなたはできる限り頑張ったからもう十分だよ」ということです。もし子どもががっかりしているようなら、このフレーズの前に That's OK.（平気だよ）とつけてあげましょう。

One more time? 「もう1回？」
ワンモアタイム

　質問は、子どもと話すときにお勧めの方法です。もう一度挑戦した方がいいな、と思うときに、このフレーズを使います。子どもにイエスがノーかを選ばせるようにしていますが、実際にノーと言われたことはありません。子どもは成功するまでやってみたいのです。

Another go? 「もう1回やってみる？」
アナザーゴゥ

ママ、できたよ!

There you go! 「それでいいよ!」
ゼァユゥゴゥ

　研究によると、親は子どもの結果よりも努力をほめるべきとされています。でも、時にはそのことを忘れて、子どもの成功を思い切りほめてあげたいものです。子どもの成功は、本人だけでなく、親にとってもうれしいことに違いありません。「あなたの成功がとてもうれしい」ということをきちんと言葉で伝えましょう。

　私の友人は、生まれたばかりの赤ちゃんに、この項目のフレーズを思い切り使って楽しんでいます。にこっとしたとき、笑ったとき、うんちをしたときにも! 赤ちゃんや小さい子には、うれしそうな様子で声をかけましょう。

　逆に、大きな子には淡々とした口調で。「あなたが頑張ったこと知っているよ」とこの言葉で伝えましょう。

Aren't you proud? 「すごいと思わない？」
アーンチュープラァウド

　Aren't you proud of yourself for doing that?（そのことができて自分のことを誇りに思えるんじゃない？）を短くしたもの。質問はとても良いほめ言葉です。質問されることで、自身の行動を振り返り、ちゃんとやり遂げたことを再確認するからです。このフレーズでは、誇りに思う主体は、子ども自身。ちなみに第1章のMama's so proud.（ママの誇りだわ）は、誇りに思う主体は母親です。私がこの質問をすると、娘は誇らしげに大きく目を見開きます。ある日、同じように聞くと、目を大きく見開き、私の方に向かって「Mama, I did it.（ママ、やったよ）」と言いました。

Wow. You can do that? 「わぁ〜。自分でできるの？」
ワァオ　　　　　　　　　ユーキャンドゥザットゥ

　大きな子には自分がしたことを説明させるといいでしょう。Aren't you proud? も同じですが、直接ほめられなくても、自分の成功について振り返る機会を与えられるだけで十分なのです。
　ママ自身が子どもの代わりに答えてあげてもいいですね。Wow. You can do that? Yes you can!（わぁ〜。自分できるの？もちろんできるわね！）というように。Wow. You did that?（わぁ〜。自分でできたの？）としてもいいでしょう。

Japanese Mama から　can を使ってみよう

「自分でできた！」がうれしい時期の子には、can（……できる）という単語はたくさん使えそうです。Can you...? というフレーズを1つ覚えておけば、Can you open?（開けられる？）、Can you eat?（食べられる？）、Can you read?（読める？）など、動詞を入れて、「……できるかな？」と聞くことができますね。

5 公園で声をかけるなら

13, 59

トラステュアセルフ
Trust yourself. 「自分を信じて」

　この言葉、大好きです！ なかよしの友だちの娘さんで、ジャングルジムにはまっている子がいます。のぼっている途中に躊躇したり、自分の背丈でここにのぼれるだろうかと不安になっているときに、ママはよくこのフレーズを使っています。こう言われると、子どもも元気になり、その手に力が入ります。できるだけのぼってみよう、自分でのぼれるところまで頑張ろう、という気持ちになるようです。
　こんな声かけで、自分を信じて行動できる子どもになってくれたらうれしいですね。

🏠 Look at you go! 「ほら、いい感じ！」
ルックアチューゴォ

　遊びの時間は、体で覚えることがたくさん。そんな時にぴったりの声かけです。Look at you!（すごい！）（39ページ）と似ていますが、こちらは特に体を使って頑張っている場面で使います。例えばキャッチボールでボールを子どもに返すときに、こう言いながら投げます。「いい感じでやっている自分を見てごらん」というこのフレーズで、「ちゃんとできてる！」と気づかせることに。子どもを励まし、あきらめずに続けさせることができるのです。

🏠 You're doing it. 「できてるよ」
ユァドゥイングイットゥ

　何かをしている「まさにその時」にかける言葉です。躊躇しているときに使えば「ちゃんとできてるよ」「あともうちょっとだよ」と子どもに伝えることができます。Yay（イェイ）やHooray（やった）などを前後につけて、ママのワクワク感を伝えるのも良いでしょう。公園以外でも私は使っています。娘がお箸の練習をしているときなどです。おかずをお箸でつまんで、ゆっくりと口に運んでいるときにYou're doing it.と励まします。

🏠 Getting better. 「よくなってるよ」
ゲッティンベター

　前よりよくできるようになったけれど、まだ完璧ではないときに。例えばブランコ。初めは自分で漕ぐことができず、後ろから押してあげますよね。だんだん自分で動かせるようにようになってきたものの、まだ足で漕げない……。そんな時のGetting better.です。できるようになっているけれど、進歩の余地があることなら、スポーツ、勉強など、何に対しても使えます。You're getting better.というロングバージョンでも意味は同じです。

6 子どもの「芸術作品」のほめ方

Look at that! 「すごい！」
ルックアッザットゥ

　子どもが何かを見せに来たとき、それをほめるフレーズです。that は持って来たものを指しています。
　子どもはお絵かきが大好き。紙があれば丸や線をいくつも描き、気分はピカソといったところです。そんな時はたいてい、ママにその「芸術作品」を見せにきます。初めて丸が描けたときなどは、ほめ言葉も惜しみなく出てきます。ただ、同じような落書きを毎日何枚も見せられると……。
　そんな時には「説明してほめる」方法です。
　私は娘の絵を手に取り、見たままを口に出して言います。こんな具合に。「黄色と赤と青を使って、たくさんの丸を描いたね」。そして Look at that! で締めくくります。説明部分は日本語で。

What skill! 「上手にできたね!」
(ワッスキル)

　ただ作品をほめるだけでなく、子どもの腕前、スキルに焦点を当ててみましょう。スキルをほめることで、また同じようにやろうという気持ちになり、さらに上手になるものです。これは工作などの創作活動だけでなく、スポーツや勉強など、なんらかのスキルが必要な場面で使うことができます。

You made this? 「あなたがつくったの？」
(ユーメイディス)

　子どもは質問されるのが大好き。59ページのYou can do that?（自分でできるの？）と似た形の文です。ただ、今回の場合は答えを期待しているのではなく、「あなたの芸術的才能に驚いている」ということを伝えています。「芸術的才能」という固い言葉を避けるための言い方です。大きな子にぴったりの表現ですから、工作を持って帰ってきたときに、こう言ってみましょう。Wow! などを後につけてもいいですね。

Now that's unique. 「わあ、ユニークね」
(ナウザッツユニーク)

　作品が独創的と言われるのはうれしいものです。子どもの世界は想像力にあふれています。全てのものには性格があり、見つけたものはどんなものでも宝物になる可能性があるのです。このフレーズは、子どもの作品や、子どもが面白いことを言ったとき、したときに使います。

　ここでも「説明してほめる」ことからスタート。その後にNow that's unique.で締めくくります。uniqueの代わりに、imaginative（想像力がある）、original（独創的）、cool（かっこいい）などの単語を使ってもOKです。

お友だちと楽しく遊ぼう

グレイトウエイティンユァターン
Great waiting your turn.

「順番をちゃんと待てるよね」

　ちゃんと順番を守ることは、小さな子にとって難しいことです。娘の保育園では、このルールをしっかりと教えてくれているため、娘も「じゅんばんこ」が分かってはいるのですが、「のりもの」に関しては別。のりものの順番を待っているときには、Thanks for waiting your turn so well.（順番を守ってくれてありがとう）のフレーズも加えて、何度も耳にささやかなければなりません！

　どうしてもおもちゃを譲れない、独り占めにしたい、という気持ちのときには、Thanks for giving your friend a turn.（お友だちに順番を譲ってくれてありがとう）と優しく言ってきかせましょう。

Thanks for sharing.
センクスフォシェアリング
「シェアしてくれて、ありがとう」

　シェア（share）すること（分けること、貸すこと）も難しいものです。私は最初、「シェアするともっと楽しいのよ」と言ってみましたが、娘は明らかに「独り占めした方がいいに決まっている」と思っているようでした。そこで戦法を変更。感謝の気持ちを表すことで、「シェアすることは、繰り返してすべき良いことだ」ということを伝えることにしました。
　sharingという単語は、ケーキ、人形、スケートボードなど、いろいろな「もの」に対して使うことができます。

What good buddies.
ワッグッバディーズ
「なかよしね」

　buddyはfriend（友だち）の意味なので、friendsを代わりに使うこともできますよ。私がよくこの言葉を口にするのは、娘に友だちの大切さを伝えたいから。アメリカの家族から遠く離れて暮らしている私にとって、周りの友人たちは家族同然。娘にも同じように良い友人をつくってもらえればと思っています。

You played so well with...
ユープレイドソゥウェルウィズ
「……と上手に遊べたね」

　……には、お友だちの名前が入ります。バイバイした後、子どもとふたりきりになったときに、こんなふうに話しかけるといいでしょう。例えば、今日のことを話して聞かせてから、英語でこのようにつけ加えます。That was really fun. You played so well with Kana-chan.（今日はとても楽しかったね。かなちゃんと上手に遊べたね）。

8 がまん、がまん、がまん

ワッリストレイント
What restraint. 「がまんできたね」

　日本文化の中では「自分を律する」、つまり「がまんをする」ことがとても大切ですよね。アメリカでも同じようなしつけはするのですが、「がまん」にぴったりと当てはまる言葉はありません。日本では、子どもも頑張ってがまんしていると思います。

　でも、がまんは子どもにとって苦手なことのひとつ。どうしてか分からないけど、親が言うようにしなければならない……。これは本当に大変です。だって、子どもは目の前のことで頭がいっぱい。「1個じゃなく、袋ごとチョコが食べたい！」「ゲームやりたい。宿題は後！」そんな自分の「どうしても」という気持ちをなんとか抑えているのです。だからこそ、きちんとがまんできたときには、この言葉でたくさんほめてあげましょう。

もっとほめてみよう！

That shows patience. 「がまんしてるのね」
ザッショウズペイシェンス

「説明してほめる」方法をここでも使いましょう。同じように、子どもがどんながまんをしたかというのを、親が言葉にしてあげるのです。例えば、「ご飯の前だからお菓子を食べるのをやめたのね」「新しい靴だから、水たまりでジャンプしなかったのね」と言った後に、That shows patience. とつけ加えます。

Aren't you impressed? 「すごいって思わない？」
アーンチューインプレスト

何かをがまんできた子どもに、このように問いかけてみましょう。この問いかけで、子どもに「今がまんしていたことは、すごいことだよ」と気づかせることができます。ママ自身、子どもの行動を見てどのように感じたのかを、伝えてあげてもいいでしょう。子どもはうれしい気持ちになりますし、それが次にがまんが必要なときに「また頑張ろう」という気持ちにさせるからです。Aren't you proud? と似た表現です。

Japanese Mama から　マシュマロテスト

米スタンフォード大学で1970年代に行われた「マシュマロテスト」という心理学実験があります。小さな子どもの前に大きなマシュマロを1つ置いて、「私が戻ってくるまで食べないでがまんできたら、もう1個あげるね」と言って15分ほど部屋を出ます。子どもたちは匂いをかいだり、目をつぶったりしてなんとか食べないように頑張るのですが、成功したのは3分の1ほど。後の追跡調査で、がまんできた子は成績がよく、社会的に成功している率が高いことが分かりました。日本人が大切にするがまんは、実は将来につながる重要な資質なのですね。

⑨ お姉さん、お兄さんみたい！

I'm so impressed. 「感心したわ」
アイムソゥインプレスト

　どんな時にも使えるフレーズですが、私は娘が特別に良いことをしたり、すごくがまんをしたときのためにとっておきます。
　私の古い友人が東京に遊びに来たときのこと。平日の夜だったので、私は娘をレストランまで一緒に連れて行きました。じっとしていられるようにと、おもちゃを持って行ったのですが、予想に反して娘はおとなしく座っていてくれたのです！　私は久々に、友人と大人の会話を楽しむことができました。そこで私は娘の方を向いて、このフレーズで感謝の気持ちを伝えました。このフレーズは親自身の気持ちを表し、前のページにある Aren't you impressed? は、子ども自身の気持ちを取り上げています。どちらがぴったりか、状況によって使い分けてください。

Such a big girl/boy. 「お姉さんね／お兄さんね」
<サッチアビッグガール/ボーイ>

よく耳にする「いい子」という言葉ですが、欧米の親たちは最近「good girl/boy（いい子）」という言葉を使いません。「いい子」「悪い子」といった子どもの性質を決めつける言葉を避ける傾向があるからです。

代わりにbig girl、big boy（お姉さん、お兄さん）という言葉で「年上の子みたいにきちんとできたね」と伝えます。いつもより少し落ち着いて行動した子どもの努力を認める表現です。電車やレストランでおとなしくできたときに言ってあげたいですね。ちなみに、このフレーズはペットにもよく使われます！

What a big help. 「すごく助かったわ」
<ワッタビッグヘルプ>

子どもの行動にとても助けられたときに。娘がそばにいるときに、仕事の電話が入ることがあります。電話中、娘が静かにしていてくれた、そんな時の一言です。子どもにきちんと感謝を示すことで、子どもはうれしい気持ちになるだけでなく、そのことを覚えていてまた同じように行動してくれるものです。

That was a big help to mama. 「ママは大助かりね」
<ザッワズアビッグヘルプトゥママ>

Thank you for... 「……してくれてありがとう」
<センキューフォ>

子どもは「ありがとう」が大好き。感謝されれば、「また同じようにしよう」という気持ちが生まれ、優しさや自主性も育ちます。「ありがとう」は実は強力なほめ言葉なのです。Thanks. だけでもいいのですが、フォーマルなThank you for... の方が、より効果的。Thank you for being so quiet.（静かにしていてくれてありがとう）のように使います。

2 頑張っている子どもに声をかけよう

日本人ママの目線 ❷ 「正しい英語」の圧力から逃れよう

　子どもに英語を「教える」などと考えてしまうと、自分の英語力で十分なのか、間違ったことを覚えさせてしまったらどうしよう、などと不安になってしまうかもしれません。でも、もしかすると、あまり英語が得意すぎない方がいいかもしれないのです。

　なぜなら、一番子どもの意欲をそぐのが、「子どもの英語をなおす」ことだからです。私もはじめのうちは、長女の文法を修正して、イヤがられていました（お姉ちゃんだからちゃんと覚えさせなきゃ、という余計な心配がいけなかった……）。

　子どもが学校であったことを一生懸命伝えようとして、

　Math I study.（算数　私　勉強）

と言ったとします。「算数を勉強した」という意味なら、正しくは、I studied math. ですよね。ですから、このような英語を聞くと、英語好きのママたちはきっと、「勉強したのは過去だから、studiedってなるのよ」とか言いたくなると思います（私も言いたくなります）。ここをぐっとがまんすることが、大切なのです。娘がげんなりしていたように、だれだって、ママに聞いてもらいたくて一生懸命話した英語をいちいち修正されていたら、がっかりするでしょう。そのうちきっと話してくれなくなると思います。

　だからあまり文法に注目しすぎず、子どもの英語を受けて、Oh, study math! とか、単にNice! などと言う方が、子どもは「英語が通じた！」というキラキラした気持ちを持つことができると思います。

　子どもが日本語を話し始めた頃を思い出せば、文法などめちゃめちゃでも、話すだけでうれしくてほめていたはずなのに、こと英語になると「文法通りに話しなさい病」になってしまうのは、なぜでしょうね。それだけ、自分自身、正しい英語を話さなきゃいけないというプレッシャーが強いのだと思います。

　ここは私たちも少しリラックスして、文法や正しい英語の圧力から解放されることを目指しましょう。このフレーズ集の中にも、「文法的に正しくないけど、皆こう言っている」というものがいくつかあります。ネイティブだってそうなのですから、私たちがいつも完璧な文法で話す必要などないのです。

第3章

子どもと過ごす、朝の時間

1 大忙しの朝を英語で乗り切る

　これまで、子どもの自信を高めるための、ほめ方、励まし方についてお話ししてきました。これらのフレーズで、「自分でやる」という気持ちを育てることができれば、子どもにも私たちにもプラスになります。
　そこで**第3章、第4章では、日常生活のそれぞれの場面で使えるフレーズをご紹介します**。歯磨き、トイレトレーニング、朝食を食べる……といった場面で、子どもが今より少しでもスムーズにできるようになれば、ママは大助かりですよね？

●生活リズムを助ける声かけを

　子どもの集中力は残念ながら長くは続きません。今これをしていたと思えば、次はこっち。小さい子ならなおさらです。遊びだって長くは続けられないのですから、興味のないことに集中するなんてムリ！　洋服を着るといった短い間にも気が散ってしまい、前後ろだったり、裏返しだったり、靴下が左右違ったり……。「ちゃんと着よう」という気はどこにも見えません。
　多くの子育て本が、習慣を身につけることの大切さを繰り返し伝えているのは、そうすることで気が散りやすい子でもなんとか日常生活を進めていくことができるからです。特に忙しい朝の時間、これらの習慣が身についていたら、毎朝子どもを怒鳴ることもなくなる……かもしれません。
　なかなか理想通りにはいきませんが、**規則正しい生活リズムは大切。それに子どもにとっても、ある程度することや順番が決まっている方が楽なのです。**
　現在のわが家の毎朝は、こんな感じです。起きる、トイレ（トイレトレーニング中です！）、朝食、歯磨き、着替え、靴を履く、保育園へ出発。日によって変化も少しあります。私と一

緒に犬の散歩をすることもあれば、公園で少しだけ遊ぶこともあります。5時に目を覚ますこともあれば、7時半までぐっすり眠ることも。私や夫が忙しい朝は、子ども番組を見ていることもあります。とはいえ、基本的な生活リズムは同じです。

　全てが上手くいき時間通りに家を出られる、といったような完璧な朝も、ないわけではありません。しかし、たいては顔を真っ赤にしながら必死で家を飛び出す、といったところ。

　子どもとの朝は、物事が効率的に運ぶことはありません。そして私たちは、そんな朝に慣れて、なんとか対応していかなければならないのです。

　子どもが何をするにも遅いのは、仕方ありません。ボタンをはめるといったような私たちが2秒で終わることも、子どもにとっては5分かかることがあります。それらの1分1秒が積み重なると、全て終えて家を出るまでにいったいどれくらいの時間がかかるのか……！　朝の時計の針の動きは、いつもよりはるかに速く、これがママたちの朝のストレスとなっています。**こんな朝を乗り切るためには、子どもたちをやる気にさせる気の利いたフレーズが必要です。**

●子どもの動きが少しだけ早くなるフレーズも

　子どもとゆったりとした朝食の時間を楽しむ余裕がないときや、子どもが靴を履くのに10分も待ってあげられないときには、**これらのフレーズが朝の支度を少しでも早く終わらせる助けになるはずです。**第3章、第4章の日常生活におけるフレーズは、自立を助けるだけではなく、素早い行動を促し、支度を早く終わらせるといった、すぐに効果を発揮するフレーズも多く取り上げました。「早くしなさい！」ではなく、「どれくらい早くできるかな？」と言われることで、子どもたちが嬉々として朝の支度を終わらせてくれたら、いいと思いませんか？

　子どもを上手に励まして、やる気にさせることで、朝のストレスを少しでも減らし、子どもと一緒にいい1日のスタートを切りたいものです。

2 元気に「おはよう！」

Hello Sunshine!
ヘロォサンシャイン

「おはよう、サンシャイン！」

　ラッキーなことに、今のところ私の娘は毎朝機嫌良く起きてきてくれます。ティーンエイジャーにでもなれば、そうはいかないでしょうけど（私がそうだったように……）。だからこそ、今の朝時間を楽しんでおきたいものです。簡単で効果的な子どもの起こし方は、抱っこしたり、ギューとしたりしながら、このSunshineのようなニックネームで呼びかけることです。私はSunshineの他にも、Honey（ハニー）をよく使います。

　ニックネームに抵抗があるなら、こんな方法も。sunshineは「日光、日なた」といった意味がありますから、カーテンを開けて日の光を入れながら、太陽に向かってHello sunshine.「いいお天気よ〜」といった感じでしょうか。

You slept so well. 「よく眠れたね」
ユースレプトソゥウェル

　朝の挨拶をしたら、次はこんな言葉を。ちゃんと寝たことをわざわざほめることもないかもしれませんが、子どもがぐっすり寝てくれることは、子どもにとっても、ママにとっても十分にうれしいことですよね。ですから、そのことをちゃんと言葉にして喜ぶのはいいことだと思うのです。時にはWhat a good sleep you had.（なんてよく寝たのかしら）と言うこともあります。

Who slept so well? 「ぐっすり眠れた子はだれ？」
フゥスレプトソゥウェル

That felt good, didn't it? 「よく眠れたわよね？」
ザッフェルトグッ　ディドゥンイットゥ

　このthatは、「睡眠」のこと。まだぼんやりしているときに、こんな問いかけをすると、少しずつ意識がはっきりしてくるものです。私はよく娘に、手や足をストレッチするように言います。そんなときにもこのフレーズを使っています。その場合、thatはストレッチすることを指し、「ストレッチって気持ちがいいね〜」という意味になります。

How about a snuggle? 「もうちょっと一緒に寝ようか」
ハゥアバウトアスナゴゥ

　朝が苦手な子に。もうちょっとお布団の中でごろごろしていたい子にとって、うれしい一言。わが家でも、まだ早いからベッドに戻ってほしいなぁというときや、時間に余裕がある朝に使います。snuggle（寄り添う）の代わりにcuddle（抱きしめる）でも。日本語だと「一緒に寝よう」という感じだと思います。

Let's cuddle. 「ギューてしよう」
レッツカドゥ

子どもと過ごす、朝の時間

3 わが家はトイレトレーニング中

What a big boy/girl! 「お兄さん/お姉さんみたい!」

ワッタビッグボーイ/ガール

　第2章のSuch a big girl/boy.（お姉さんね/お兄さんね）のバリエーションです。両フレーズともに、子どもが大きく成長したな、というときに使えます。

　おむつからパンツへといった大きな変化は、子どもにとってはちょっと怖いものです。そんな時に日本語でも「お兄さん、お姉さん」という目標を示すことで、子どもをやる気にさせていますよね。そうです、「お兄さん/お姉さんパンツ」です！（ちなみに英語でもbig boy/girl pantsと言います）また、ひとりでできるようになった、妹や弟を連れてトイレに行けたなど、子どもの成長を感じたときにどんどん使ってくださいね。成功の暁には58、59ページのフレーズをどうぞ。

Potty time!「おまるの時間!」
パティタイム

pottyとはおまるのこと。娘はどうしたことかパンツよりおむつの方がいいようで、なかなかトイレトレーニングから卒業できません。そんなわが家で最近よく使われている言葉がこれ。

トレーニングを始めた頃はおまるが嫌いで、このフレーズの出番はなかったのですが、最近になって突然「おまる大好き」に。娘もこのフレーズをよく使います(実際におまるを使わないときも!)。pottyという言葉が気に入ったのかも? 子どもになら、この単語はおまるだけでなくトイレを指すときにも使えます。

See, you can do it!「ほら、できるじゃない!」
スィー ユゥキャンドゥイットゥ

おむつ大好きな娘は、トイレに座ってみるもののすぐに立ち上がり「でない!」。そのため、少しでも長く座っていてもらうようにしなければなりません。そこでこのフレーズで、気持ちを盛り上げます。What a big girl!(お姉さんみたい!)とつけ加えることも多くあります。55ページのYou can do it.(できるよ)に、このSeeがつくことで、「もうできているじゃない!」という現在の雰囲気を出すことができます。

Shall we sit?「一緒に座ろう」
シャルウィスィットゥ

「toilet(トイレ)」という言葉が出ると、顔色が変わる娘のために、私も慎重に言葉を選んでいます。そのために使っているのがこのフレーズです。今のところ、娘がトイレに座っている間中そばにいるので、この「一緒に座ろう」という言い方はぴったり。

この「一緒に座ろう」は、絵本を読むときにも使うフレーズです。また、ふたりでゆっくり女子トークをするときにも、このように声をかけます。

子どもと過ごす、朝の時間

4 朝ご飯、できたよ〜

🔴 20, 60

ワッタグッドイーター
What a good eater! 「よく食べたね！」

　発音するときには、子どもの年齢に応じて、声のトーンを変えてみましょう。小さい子には興奮した様子で、大きな子には少し落ち着いた感じでさりげなく！

　この本では、What a...（なんてよい／よく……）という表現がたびたび登場します。子どもを励ますのに使いやすい、便利なフレーズだからです。第7章の最後でもまとめてご紹介します。

　この項目にあるフレーズは、朝食のときだけでなく、お昼や夕飯のときにも使えます。第4章の夕飯の場面においても、いくつか食事中のフレーズをご紹介しますね。

Yum! 「おいしい!」
<small>ヤァム</small>

　deliciousのかわいい言い方。離乳食を始めたばかりの赤ちゃんにぴったり。もうすぐ3歳の娘も、Yum!やYummy!を使っています。今では私より、本人が使うことの方が多いかも。もちろん大きな子にも使えます。私など時々大人にも使いますよ。私が子どもの頃、父はよくYummy in your tummy.（おいしいものがお腹に入った）と言っていました。こんなフレーズをママが言ってくれたら、食べることが楽しくなりますね。

Let's try.　「食べてみよう」
<small>レッツトラィ</small>

　一生懸命つくったのに、子どもが全く食べてくれないことってありませんか？　そんな非常に頭にくるときに、怒りを抑えてこの一言。a littleを後ろにつけて、「ちょっとだけ食べてみよう」としてもいいですね。みんなが使っているフレーズです。
　Just one bite.（一口だけ）も使いましたが、Let's try.の方が、少しだけ効果がありました。でも、一番効果的なのは、娘のお皿を取り上げて私自身がぱくぱくと食べ始めることですが（笑）。

All done.　「ごちそうさま」
<small>オールダン</small>

　娘が離乳食を始めた頃、「ベイビーサイン」を教えていました。これは簡単な手話のようなもの。たくさんのサインを覚えさせることはできませんでしたが、All done.のサインは役立ちました。食事の終わりを知ることができたからです。このサインは両手を少し上げて、手をひらひらさせるだけ。娘がそのサインをすると、私はAll done.と言ったものです。
　少し大きくなると、全部ご飯を食べられたときに、そのサインを見せながら、娘自身がAll done.と言うようになりました。

5 上手に歯磨きできたね

Super brushing!
スーパーブラッシン

「歯磨き上手！」

　歯磨きはママの悩み事のひとつです。嫌いな子、多いですよね。特に最初は極端に嫌がったりします。ママたちは、子どもが泣いても歯ブラシを突っ込むか、思い切って歯磨きを止めてしまおうかと悩みます（いずれにせよ困ったことになりそうです）。
　ママ友から教えられ、「なるほど」と思ったのが、テレビの子ども番組の歯磨きシーンです。娘さんはこのテレビのおかげで、仕上げ磨きをママのお膝でするようになったといいます。「お膝で仕上げ磨き」という習慣はアメリカにはないので、私にはとても新鮮でした。試しにやってみるとよく磨けるし、子どもはおとなしい！　今では、Super brushing! と言って娘に歯磨きを練習させた後、仕上げ磨きをするのが習慣になりました。

もっとほめてみよう！

That's a wide open mouth.
ザッツァワイドオープンマウス

「あーんできたね」

　まだ、上手に口を大きく開けられない小さなお子さんに。歯磨き嫌いの子は、口を開けること、開け続けることが苦手なことも。ゲーム感覚で、ママと一緒に口を開ける練習をしてみましょう。歯医者さんへの準備にもなりますよ。

　ママ自身が口を開けてみせるときにも同じように言ってOK。その場合は、「これが大きなお口よ」といった意味になります。仕上げ磨き中、もっと大きく開けてほしいときにも使えます。

What a big mouth. Wow.「わぁ〜、すごく大きなお口」
ワッタビッグマウス　　　　ワァオ

Swish and rinse! 「ぶくぶくペッ！」
スイッシュアンドリンス

　私は日本語の「ぶくぶくペッ！」の言い方が、かわいいなぁと思います。小さい子には楽しい動きですよね。子どもが水を口に含んだら、すかさず英語で言ってみましょう。

Look how clean! 「きれいかどうか見せて！」
ルックハウクリーン

　子どもが歯磨きやぶくぶくを終えたら。私はこの言葉の後にいつもDoesn't that feel good?（気持ちいいでしょ？）とつけ加えます。時に、ふたりで鏡に向かってにこっとしながら、Nice smile!（ナイススマイル！）と言って歯磨きを終えます。

3　子どもと過ごす、朝の時間

6 自分で着替えられる？

Great choice! 「選ぶの上手！」
グレイチョイス

　自分で考え、自分で選べるようになると、洋服選びにも新たな問題が……。ママの選んだものは着てくれませんし、手伝おうとしてイヤがられることも。その結果、水玉のシャツに花柄のパンツ、チェックのジャケットに黄色い帽子といった、眠気も覚めるような組み合わせで、保育園に連れて行くことも。近所の人には、「ママに変な服を着せられてかわいそうに……」と思われていることでしょう。そうは言っても、自分で選んだということが大切。私はGreat choice! と言うようにしています。

You chose so well. 「いいのを選んだね」
ユーチョウズソウェル

Which one? 「どっちがいい？」
(ウィッチワン)

　娘がパジャマを着替えるのを嫌がっていたとき、先輩ママが「服を選ばせるといいよ」とアドバイスをくれました。試してみると、これはすごい！　子どもの意識を「〜したくない！」から「どれにしようかな？」に変えることができるのです。選んでいる頃には、少し前までイヤと言っていたことなどすっかり忘れているから驚きです。以来、「何かをしたくない」という場面で活躍する「マジッククエスチョン」となりました。

Show me how you put it on. 「着替えられたか見せて」
(ショウミィハウユゥプットイットオン)

　着替えを見せてと言うことで、ちゃんと着替えなきゃという気持ちにさせます。挑戦好きな子には、時間制限を設けてゲームにしてみましょう。Put it on in 15 seconds! One, two…（15秒で着替えて！　1、2……）

You look nice. 「すてきよ」
(ユゥルックナイス)

　「外見をほめすぎない」の例外は自分で着替えられるようになったとき。You look nice in that hat!（その帽子似合ってるよ）と、どこがいいのか具体的に示すと、子どもはうれしいようです。
　娘は今、「かっこいい」「かわいい」の違いに敏感。どの服がかっこよく、どの服がかわいいのかこだわるなら、You look cool.（かっこいいよ）、You look cute.（かわいいよ）と使い分けてあげましょう。外見をほめることに抵抗があるなら、Great choice! と一緒に使えば、子どものセンスをほめていることになります。

7 元気に行ってらっしゃい！

Have a good day! 「行ってらっしゃい！」
ハヴァグッデイ

　直訳すると「良い一日を」ですが、アメリカ人が朝、出かけるときにかける言葉なので、日本語の「行ってらっしゃい」にあたると思います。私が住んでいたカリフォルニアでは、Good bye. と同じくらいよく使われています。

　娘は早々にこの言葉を覚えて、使い始めました。どうやら仕事に出かける夫に、私がこう言っていたのを聞いていたようです。もし、家族で英語を使い始めるなら、このフレーズはぴったりだと思います。照れずに使えるのではないでしょうか。

Have fun!（ハヴファーン）「楽しんでね!」

幼稚園や学校へ送り出すときなどに。以前はバイバイのとき、ハグをしたり、キスをしたりとずいぶん時間をかけていたのですが、今ではさっとハグをしてこの言葉をかけるだけです。祖父母やお友だちと遊んだ後、That was fun.（楽しかったね）と言っているので、funという言葉は、娘の中で楽しいことと結びついています。バイバイのときにあえて使うことで、その日一日を楽しく過ごしてもらえるようにと願っています。

Love you.（ラヴユゥー）「大好きよ」

朝の別れだけでLove you.なんて大げさに響くかもしれませんが、アメリカでは本当にカジュアルに使われています。日本人の私の夫も、朝別れるときに、バイバイの代わりに使っています（なんてばらしたら、ひどく怒られそうですが……）。ゆっくり感情を込めて言うと、違う意味になりますから、素早く、さらっと言うのがポイント。子どもとのバイバイに使ってください。

Be good.（ビーグーッド）「お行儀よくね」

これは大きな子を、ちょっとからかう感じで使います。学校や家の外で、ちゃんとお行儀よくしてなさいね、という意味です。文の形が命令形なので、使うときには、軽く、ユーモアたっぷりに言ってくださいね。大きな子には、ちょっと笑わせるくらいの励まし方がぴったり。言うときにはママも笑顔で。

父もよく私たち3姉妹にこう言っていました。普段は挨拶代わりのこの言葉でしたが、たまに私たちをベビーシッターや親戚のお姉さんに預けるときには、真剣な表情でBe good.と念を押されました。「ちゃんとお行儀よくしているんだぞ」という意味ですね。

8 朝は大忙し

24, 60

ハゥファストキャンユゥゴゥ
How fast can you go? 「どれだけ早くできるかな？」

　朝、時間通りに家を出ることは、親にとって最も難しいことのひとつです。5分かけて履いた靴を脱いで、部屋に人形を取りに戻り、また靴を履く……。わが家の朝はこんな感じ。子どもを急がせることは、どんな仕事よりも難しい！　子どもの辞書には明らかに「急ぐ」の文字はありませんから。

　私たち大人もゆったりとした朝の時間を過ごしたいものですが、なかなかそうもいきません。ここは少し、こんなフレーズで子どもの側に頑張ってもらいましょう。この項目にある全ての表現が、学校へ行く、バスに乗るなど、急いでいる場面で使えます。

キャニュウゴゥファスタァ
Can you go faster? 「もっと早くできる？」

Who's speedier? 「どっちが早い？」
フーズスピィディア

こう聞くことで、きょうだいふたりが競争し出したらしめたもの。競争以上に、子どもを動かすものはありません。Who's speedier today？（今日はどちらが早いかな？）と、毎日のゲームにしてもいいですね。だれが勝ってもいいので、とにかく皆の準備が早く終わり、時間通りに家を出られることを祈って！

ママと競争をしたってOK。例えばふたりで「どちらが靴を早く履けるかレース」なんてどうでしょうか？

Show me that in fast motion. 「高速で見せて」
ショウミザッインファストモゥション

子どもが大きくなって「速い、遅い」ということが分かるようになったら、こんな問いかけもいいですね。朝の準備をみんなゲームにしてしまいましょう。スローモーションと高速（ファーストモーション）を組み合わせることで、子どもの楽しみもアップ。例えば、「歯磨きはスローモーションで、着替えは高速でお願いね」といった具合です。

Japanese Mama から　最初の言葉は

息子が最初に話したフルセンテンスは、I'm banana.（私はバナナです）でした。多分、"I like"と言いたかったのだと思います。「なおしたい……」という気持ちをぐっとこらえて、私も、Oh, I'm a banana, too. と返答。そうしたところ、息子は「通じた！」とニッコリ。記念すべき最初の英語での会話を悲しい思い出にせずにすみました。どうしても間違いをそのままにしておきたくない、という場合は、"Oh, I like bananas, too."のように、正しい文を自分の言葉として言うといいと思います。

3　子どもと過ごす、朝の時間

 ちゃんと聞いてるかな？

アイスィユゥハードミィ
I see you heard me.
「ちゃんと聞いてくれてたね」

　朝はいろいろなことを慌てて準備しなければなりません。そのため、「あれをして」「これを持って」と、次々と子どもに指示を出すことに。言われたことができるようになれば、親はとても楽になりますし、それは子どもも同じです。幼稚園や小学校など集団生活では、人の話が聞ける、指示が分かることが求められますから。

　ここには、子どもがちゃんと聞くことができたときに、その点をほめるフレーズが並んでいます。親が言ったことを覚えていたときにも使えます。私の娘はまだ小さいので、その日の朝に私が言ったことを夕方になっても覚えているだけで感心してしまいます。「夕飯はハンバーグ」とかですけど（笑）。

もっとほめてみよう!

You did it exactly like I said.
ユゥディディエグザクトリィライクアイセッド

「ちゃんと言った通りにできたね」

このフレーズは、大人の指示通りにできたという、子どもの能力をほめています。「ジャケットを着て」と言ったとき、その通りにできたらこのフレーズの出番です。もしくは、暗くなったのでお友だちとバイバイするときに、文句を言わずにさよならできたら、こう言ってあげましょう。Wow!などを前後につけてもいいですね。I see you heard me.と比べると、こちらはより難しいことができたときに使われます。

Way to follow directions.
ウェイトゥフォロゥディレクションズ

「指示通りにできたね」

特にお手伝いの場面では、子どもに細かい指示を出さなければならないことがあります。うちでも、娘にマフィンの生地を混ぜてもらうときには、一つひとつの手順を細かく説明します。言った通りにできたときには、このフレーズを使い、娘の頑張りをほめます。指示を聞いてその通りにする、というのは子どもにとって、とても大変なことですから。

Great listening. 「よく聞いていたね」
グレイリスニン

子どもにとって、頼まれたことが、簡単でも、難しくても、使うことができる言葉です。きょうだいの間でも使えます。

例えばお兄ちゃんが妹に何かをするように言い、妹がその通りにできたら、ママは妹にこのフレーズを言ってあげましょう。また、「2階から〜を取って来て」と頼んだときに、ちゃんと頼んだものを持って来れたら。大きな子には、直接言わなくても、ママがこうつぶやくだけで、ちゃんと気持ちは伝わりますよ。

日本人ママの目線 ❸ 外で話すのが恥ずかしいなら

　カリンも言っているように、外で英語を話すのが恥ずかしいと思うなら、やはり家の中だけで英語を使うのがいいと思います。なぜなら、「ママは英語を使うことを恥ずかしがってる」ということは、子どもに敏感に伝わるからです。そうなると、きっと子どもも英語を話すのを恥ずかしがるようになってしまうと思います。

　私自身でいえば、やはりまだ外で子どもに話すのが、恥ずかしいこともあります。でも本当に少しずつですが、自分の中でも変化を感じています。

　ひとつには、ここに出ているフレーズは、本当にネイティブママが使っているものなので、「とても自然」ということです。There you go!、Look at that! など例をあげるまでもなく、今までの私のボキャブラリーにはなかったものばかり。自信を持って使うことができます。

　また、「ほめる、励ます」という範囲で、同じ言葉ばかりを繰り返し使っているので、つい口から出てしまうことがあります。それはそれで良い傾向なのかもしれません。

　そして、子どもも慣れてくると、外でも英語が出てくるようになります。そんなときは、子どもの（そしてきっと自分も）成長のチャンス。自分の恥ずかしさよりも何よりも、子どもの期待に応えて、英語で受け答えすることが最優先です。

　英語を外に持ち出す第一歩には、歌もお勧めです。歌であれば、小さい子と手をつなぎながら、自転車に乗りながら一緒に歌っていても、不自然ではありません。nursery rhymesで検索すると子ども用のネイティブ素材がたくさん出てきます。ネイティブの英語の歌は、韻を踏んでいることが多く、時に難しい単語も出てくるのですが、子どもにとってはどんな単語も音として吸収するぶんには問題ないようです。

　自分や子どもの性格、英語を使うことへの抵抗感の多い、少ないなど、人それぞれ違いがあると思います。自分がストレスにならない範囲が、少しずつ広くなっていくといいですよね。そして、周りで英語を使うママたちが増えていけば、もっとリラックスして家の外でも話すことができるようになると思います。私もそのひとりになれるように自分の英語の範囲を少しでも広げたいと思っています。

第4章

今日のことをたくさん話そう

1 子どもとの午後をもっと楽しく

　この章では、**日常生活、特に子どもと過ごす午後の時間に使われるフレーズをご紹介します。**
　午後、幼稚園や学校から帰ってきた子どもにどんな声かけをしているでしょうか。「リュック片づけて」「宿題やったの？」「ご飯を残さないの！」「早くお風呂に入って！」「もう寝る時間よ！」。気がつくと、まともに会話をしていなかったり。たまに反省して、「今日は何したの？」とたずねたら、一言「忘れた」。子どもと一緒にすてきな時間を過ごすというのは、なかなかハードルが高そうです。
　親だけでなく、子どもだってやらなければならないことは、たくさんあります。ご飯を食べて、お風呂に入って、歯を磨いて寝るだけでも、子どもにとっては大仕事。そんなときに、子どもを励ましたり、ほめたりするフレーズは、親だけでなく、子どもたちを大いに助けてくれます。**子どもを励まし続ければ、どんどんいろいろなことが「自分で、上手に、速く」できるようになっていきます。**そして、そうできる自分に自信が持てるようになります。

●子どもはなんでも自分でしたい

　子どもは本当は、なんでも自分でちゃんとやりたいのです。娘も何かを任されると、とても喜びます。お出かけのときにリュックを背負うこともそのひとつ。自分で自分の荷物を運べることがうれしくて、心なしか背筋もピンと伸び、急にお姉さんになったかのように振る舞っています。その顔はとても誇らしげです。何かに責任を持つということは、自分自身の成長を実感することでもあります。その自信は、表情に表れます。
　お手伝いでも同じです。私はお菓子づくり（そしてそれを食

べること）が大好きなのですが、子どもが生まれてからは、のんびりとオーブンを覗く気ままな時間はありません。キッチンに立っている間、テレビに子守をしてもらうか、それとも娘と一緒につくるか……。子どもと一緒にお菓子づくりを楽しむには、かなりの工夫（と覚悟！）が必要です。

　お菓子づくりの中での娘の役割は、「混ぜる」こと。任せているうちに、わが家お抱えの「生地混ぜ職人」に成長してくれました。今では、生地をこぼすこともなくなりました。混ぜるのも上手くなり、その手つきはまるでミキサーです。

　娘が混ぜやすいように、私は材料一つひとつを順番にボールに入れていきます。初めの頃は泡立て器を使っていたのですが、そのうちバターがなめらかになるからとゴムべらを使いたがるようになりました。ゴムべらに変えたばかりの頃は、思うようにいかず、生地が飛び散ることもありましたが、ゆっくり混ぜるようにすれば大丈夫だと励ますと、だんだんとできるようになっていきました。それでもそこら中が汚れてしまった場合は、ふたりで「お掃除ゲーム」をスタート。

　こんなふうに、任せたり、励ましたりしながら、もう２年以上ふたりで精を出しています。大変なこともありましたが、娘を信じてやらせてきて良かったと、最近になってつくづく感じています。

●親子の時間が楽しくなる

　子どもとの日々の生活をこなしてゆくだけでも、それは大変なことです。毎日やらなければならないことが気が遠くなるほどある中で、お菓子づくりのような一見必要のないことまで盛り込むのは、とても大変なことです。

　とはいえ、そうすることで子どもともっと触れ合える、分かり合えることも事実。この章では、午後に必要な、夕食、お風呂、寝るときなどの日常生活の言葉だけでなく、お手伝い、子どもとのおしゃべり、宿題を見てあげるといった、**親子ふたりの時間をもっと楽しむためのフレーズを覚えることができます。**

2 お帰りなさい、待ってたよ

🔴 26, 61

Welcome back. 「おかえり」
ウェルカムバァック

　娘はよく日本語の「ただいま」と「おかえり」を間違って使っています。私はこの「ただいま」と「おかえり」の組み合わせの挨拶はいいなぁ、と思っています。英語にはこのようなセットの言葉はなくて、帰ってきた人が I'm home! もしくは I'm back! と言うだけ。家にいる人にも決まった言い方はなくなんらかの挨拶で応えます。ここで挙げた Welcome back. も、子どもが帰ってきたときの数ある返答の中の1つです。

　子どもがうれしい気持ちになる「おかえり」のフレーズを、親が習慣にしてしまいましょう。welcome は「歓迎」という意味の言葉なので、子どもを暖かく家に迎え入れるにはぴったりの単語です。

You're home! 「帰ってきたね！」
(ユゥアホゥム)

　子どもと一緒に家に帰ってきたときには、We're home! にして使います。文章だけを見ていると、事実をそのまま述べているだけのようですが、声のトーンを変えるだけで全く違って聞こえるから不思議です。帰ってきた子どもに会えてすごくうれしい、ということを声の調子に出しましょう。

　子どもの頃、家に帰り部屋に入ると、父の目がぱっと輝いたものです。そのことを思い出すと、心が暖かくなります。そんな雰囲気を出せるような言葉かけができるようになることも、本書の目的のひとつ。子どもが家の中で安心できるような言葉を私たちが日々使えるようになることが大切なのです。

You're back! 「戻ったね！」
(ユゥアバァック)

There she/he is. 「いたいた」
(ゼァシイズ/ヒイズ)

　これは、先のふたつに比べると、カジュアルで遊び心のある表現です。ここでも言い方が大切。she／heの部分を強調して使います。「まってたよ〜」という意味を含んでいるので、「ついに帰ってきた！」というニュアンスで。落ち着いた言い方が好きな人は、標準的な「おかえり」にあたる最初のふたつがお勧めです。

Look who's back. 「あら、だれか帰ってきた」
(ルックフーズバァック)

　こちらも遊び心のあるフレーズです。特に、家にいるよりもすぐにひとりで出かけてしまうような大きな子にお勧め。このLookは、感嘆詞の代わりに使われていて、普段家にいない子が帰ってきたという「驚きのニュース」に周囲の注目を集めるための言葉です。もちろんインドア系の子にも使えます！

今日のことをたくさん話そう

3 片づけてくれてありがとう

Wow. So neat!
ワァオ　ソォニート

「わぁ〜。ちゃんとできてるよ！」

　家についたら、すぐさま靴を脱いで、ごろんとくつろぎたいもの。子どもならそのままおもちゃやペット、おやつを求めてキッチンへ直行するかもしれません。このままでは、靴を脱ぎ捨て、鞄をリビングに放り投げる中高校生になってしまうかもしれません！　今のうちに、家に帰ったら靴や荷物はきちんと片づけなければならない、ということをしっかり教えておきましょう（ムダかもしれませんが……）。

　この項目では、「片づけっていいことだ」と子どもが思えるような声かけを選んでいます。この最初のフレーズは、玄関だけでなく、子どもが（たまたま）片づけをちゃんとしたときに、すかさず使うようにして子どもの気持ちを盛り上げていきましょう。

Can you take your shoes off?
キャニュゥテイクユアシューズオフ

「靴をちゃんと脱げる？」

この質問は、子どもの成長に合わせて変えていくことができます。Can you put away your bag?（バックを片づけられる？）、Can you hang up your jacket?（ジャケットを掛けられる？）など。「……できる？」と聞いていくことで、「こんなことまでできるようになった」と自覚し、自信が持てるようになるものです。

Thanks for being so tidy.
センクスフォビーイングソゥタイディ

「上手に片づけてくれてありがとう」

小さい子は特に、親を喜ばせたいという気持ちが強いもの。わが家でも、このように感謝をすると、娘も「またやろう」という気持ちになるようです。まだ上手にできなくても、子どもが片づけようと頑張っていたら、Thanks for putting that away.（片づけてくれてありがとう）と声をかけましょう。

グレイジョブビーイングソゥタイディ
Great job being so tidy.「上手に片づけができてすごい」

You did it all by yourself.
ユゥディドゥイッツォルバイユアセルフ

「全部自分でしたのね」

didの部分に、子どもの行動に合った単語を入れることもできます。例えば、You put your shoes away all by yourself.（自分で靴を片づけたのね）といった具合です。やろうとしていることではなく、「やり終えた」ことについて使います。親の「感心した」という気持ちを表すため、「驚いている、うれしい」という様子をトーンで示します。直接ほめるのではなく、子ども自身に「自分でできた」という気持ちを味合わせるようにしましょう。

4 上手にお話しできたね

Use your words. 「自分の言葉でいいよ」
ユーズユアワーズ

　小さな子どもに最近よく使われているフレーズです。子どもが自分の気持ちや考えを上手く表現できないときに、こう言って話し続けるように促します。「説明する」ことは、言葉が上手に話せるようになってからも、かなり難しいもの。それまでは、泣いたり、叫んだりして当たり前です。親の方も焦らずにいたいものです。your wordsは、「子どもの知っている言葉」を指します。知っている言葉を使って、とにかく話してごらん、ということです。

　私が子どもの頃には、このフレーズは使われていませんでした。ここ数十年、アメリカではもっと子どもときちんとコミュニケーションを取ろう、という機運があり、その中で生まれた言葉です。ちなみに、このフレーズは大人には使えません。

What a story. 「面白い話ね」
（ワッラストーリィ）

　たいていの子どもがHow was your day at school?（学校はどうだった？）、What did you do today at school?（今日は学校で何した？）と聞くと、肩をすくめます。答えた、と思うと、I don't know.（分かんない）。これは大きな子だけでなく、どう話したらいいか分からない子も同じです。学校は日常生活の場なので、何を話したらいいのか思いつかないのかもしれません。

　子どもと会話をするためには、「学校について聞かず、話し出すまで待つ」ことが大切だそうです。確かに、無理に聞き出して、「フツー」「勉強した」といった適当な返事をされるよりはいいかも。親にできることは、子どもの話を聞くこと。話を質問やアドバイスでさえぎらないこと。子どもがすっかり話し終えたら、やっとこのフレーズの出番です。他にもWhat a day!（なんて日！）も使えます。

That's a big word. 「難しい言葉ね」
（ザッツァビッグワード）

　2歳から3歳頃は毎日のように新しい言葉を覚えてくるものです。娘が新しい言葉を使ったときには、私はこのように言ってあげます。もちろん大人にとっては日常の単語ですが、子どもにとっては難しい言葉に違いありません。

You told that so well. 「上手に話せたね」
（ユゥトォルザッソウウェル）

　子どもが一生懸命何かを説明したときに。このthatは子どもの話を指しています。子どもがウキウキ話しているのを聞いていると、大人としてはつい質問をしたり、余計な口出しをしたくなるものです。ただ、ここはぐっとがまん。聞き役に徹しましょう。そして子どもが話し終えたときに、このフレーズを使います。

5 お手伝いしてくれてありがとう

🔴 29, 61

Such a big help! 「助かったわ！」
サッチャビッグヘルプ

　「子どもがもっとお手伝いをしてくれたらいいのに！」と思いますよね。でも実は、子どもだってお手伝いをしたいのです。だって「だれかの助けができる」ことは、子どもにとってもうれしいことだからです。お手伝いをしてくれたときには、直接ほめるのではなく、「あなたのお手伝いで、ママはとても助かった」という事実をそのまま伝えましょう。子どもが自分自身で、「私ってすごい！」と思えるようにしてあげましょうね。
　もちろん、マジックフレーズのThank you.にも同じ効果がありますから、この項目にある言葉と一緒に使ってみましょう。

What a good helper! 「お手伝い上手！」
ワッタグッヘルパァ

Just like Mama. 「ママみたいね」
ジャストライクママ

　小さな子は、親のことを「世界一」だと思っています。「ママってすごい」と思うだけでなく、「ママのようになりたい」と願っているものです。実はこのフレーズは、「ねぇ、ママみたいでしょ」というように、娘が先に使い出しました。それを聞いて、ほめるときの言葉のリストに加えるようにしたのです。「ママ大好き」な時期の子なら、このほめ言葉は効きますよ（もちろんいつまでも続くわけではありません！）。子どもは本当に「ママって最高、世界で一番キレイ（!!）」と思っているのですから。

Just like Papa/your big sister/your big brother.
ジャスライクパパ　ユアビッグシスタァ　ユアビッグブラザァ
「パパ（お姉ちゃん／お兄ちゃん）みたいね」

How helpful. 「なんて頼りになるの」
ハゥヘルプフル

　How helpful of you. の短い形。してくれたことが、とても助かった、役に立ったときに。How... は、何かをしてもらったとき、期待以上だったときなど、大人の間でもよく使われます。How kind.（なんて優しいの）や How thoughtful.（なんて思いやりがあるの）もよく聞きます。子どもの前でパパに、How helpful. と言ってみるのもいいかも。同じ言葉が他の人にも使われているのを聞くことで、子どもにとってなじみある言葉になるはずです。

Japanese Mama から　「小さいお母さんね」

　Just like Mama. は日本で言う「小さいお母さんね」とは意味が違うのだそうです。この Mama は一般的な母親を指すのではなく、指すのは私たち自身。「小さいお母さんね」と言いたいときには Just like a mama. と「a」をつければOKです。

6 宿題、頑張ったね

Excellent work. 「よくできたね」
エクセレントワーク

　このフレーズはアメリカの先生のお気に入り。Well done.（上手ね）やGood Job.（よくできたね）と並んで、宿題の採点にもよく使われています。小学生の頃、先生が宿題にこう書いて、金色の星のシールを貼ってくれたときはうれしかった！　この時のworkやjobは、「仕事」ではなく、「課題」を意味しています。

　ここで出てくる宿題のフレーズは、本書を執筆する際、小学生の子を持つママたちから教えてもらったものです。このフレーズは、宿題だけでなく、子どもが取り組むいろいろな課題に対して使うことができます。ほめ言葉というのは、ある特定の状況だけでなく、あらゆる場面で役立つから、便利ですね。子どもが何かを頑張っているときに使ってもOKですよ。

もっとほめてみよう！

Getting closer. 「もうちょっと」
<ruby>ゲッティングクロゥサァ</ruby>

頑張っているけど、まだ正解にたどり着かないときや、あと少しで宿題が終わりそうなときに。「あと少しだから頑張れ！」という意味が含まれています。

How about that! 「すごい！」
<ruby>ハゥアバウザットゥ</ruby>

難しいと思えた宿題を子どもが終わらせたら、こう言って驚いてみせましょう。「びっくりするようなことが起きた」ということを表しています。There you go!（それでいいよ！）も使えます。

Nice one. 「いいねぇ」
<ruby>ナイスワン</ruby>

You really worked hard. 「本当によく頑張ったね」
<ruby>ユゥリアリィワークトハード</ruby>

子どもの努力を直接認める言葉です。努力に焦点を当てているので、子どもの課題が上手くいっていても、そうでなくても使うことができます。改まった響きのあるフレーズなので、大きな子をきちんとほめるのにぴったりです。学校での発表やテスト勉強など、努力を要するプロジェクトをほめるときの言葉としてもいいでしょう。

Great effort. 「頑張ってるね」
<ruby>グレイエフォート</ruby>

7 さあ、夜ご飯ですよ

You ate it all up. 「全部食べたね」
ユゥエイティトオーラップ

　これは食事後の言葉ですが、私は食事中にも使います。日本食では小さいお皿がいくつも並ぶので、言いやすいからです。例えば、ご飯と野菜とお魚が今日のご飯なら、それぞれのお皿のものを食べ終えたときに使えます。お魚なら、You ate that fish all up!（お魚を全部食べたね！）。Can you eat it all up?（全部食べられる？）と質問してもいいですね。Great! や Wow! を前後につけてもOK。小さな子や好き嫌いの多い子には、苦手なものが食べられたときに、大きな子には、好きでないメニューの日にも残さず食べられたら使います。
　ゆっくりと食べられるときも、そうでないときにも、ここにあるようなフレーズを味つけにして、食事をしています。

It must be good. 「おいしいのね」
イッマスビーグッド

これは結局は料理をした自分へのほめ言葉ですね。こういった言葉をかけることで、子どもは食事って楽しい、と思えるようになるものです。goodの代わりに、yummy や delicious も、もちろん使うことができます。You must really like that.（すごくこれが好きなのね）と、子どもの好みを言葉にするのもいいですね。

No mess! Wow. 「汚れてないよ！ わぁ〜」
ノゥメス　ワァオ

これは少しネガティブなほめ言葉。「いつもは汚している」ということを暗に言っていますから。とはいえ、わが家ではお決まりのフレーズです。食事を始めたばかりの赤ちゃんに向けてなら、決して嫌みにはなりませんよ。赤ちゃんは汚すのが仕事ですから。大きな子にはYou ate so carefully.（すごく注意して食べたね）と加えてあげれば、ポジティブなトーンになりますよ。

Look at you chewing. 「ちゃんとかんでるじゃない」
ルックアッユーチュウイン

ちょっとふざけているようなフレーズですが、小さい子にはぴったりです。少し大きくなってからも、ナッツや生のにんじんなど堅いものを食べるときに使われます。

実際、歯も生えそろっていないような小さな子どもたちは、とても一生懸命かんでいます。我々親はいつも、喉に何か詰まらせやしないかと、心配していますよね。私も娘の歯が生えそろう前は、食べている間いつも Chew Chew Chew（かみかみかみ）と言っていたものです。これは単なる言葉遊びですが、娘はこう言われるのが大好きでした。今では娘自身が、わが家の犬がご飯を食べるときに、このように言っています。

8 一緒にお風呂に入ろう!

🔴 32, 61

All clean! 「きれいになったよ!」
オールクリーン

　大嫌いな体を洗うことやシャンプーを終えたら。後は湯船で遊ぶだけなので、Play time!（遊ぶ時間よ!）とつけ加えても!
　子どもの気分は日によってころころ変わるので、「お風呂大好き」の日があるかと思えば、「絶対に入らない」という日も。そんな日は、本当に骨が折れますよね。またお風呂の時間というのは、多くの家庭でその日の最後にくるものです。すごく疲れているのに、娘がイヤイヤをしていると、私だって不機嫌に。そんな時、ポジティブな言葉を口に出すことで、自分自身の気持ちをなんとか維持しています。

フレッシュアンクリーン
Fresh and clean! 「すごくきれい!」

🐰 Super rinsing. 「ちゃんとすすいだね」
<small>スゥパァリンスィン</small>

その時の気分にかかわらず、シャンプーとなればたちまち子どもは不機嫌に。このフレーズをもっと前から使っていたら、娘ももう少しシャンプーが好きになれたのでは、と思います。3歳に近くなってからやっと、頭を私の方に下げて、シャンプーとリンスをさせてくれるようになりました。リンスをするとき、私は、アメリカの子ども番組で聴いた歌、「Row Row Row Your Boat（こげこげこげ、あなたのボート）」を変えて、Rinse Rinse Rinsey Rinse.（すすげすすげ、すすいですすげ）と歌います。なんてことない歌ですが、娘はこれがなぜか大好き。ところで、ここでいうrinsingはすすぐことで、リンスやコンディショナー自体を表しているのではありません。

🐰 This feels good. 「気持ちいい」
<small>ディスフィールズグッド</small>

子どもと一緒にお風呂に入っているなら、これはお勧めのフレーズです。わが家の娘は、今、私の真似をすることが大好きなので、お風呂につかりながら、娘に聞こえるようにThis feels good.と言っています。だって本当に温かいお風呂は気持ちいいですから。湯船で遊んでいるなら、Isn't this fun?（楽しいよね？）と聞いてみるのもいいでしょう。

🐰 What a happy, clean kid! 「ピカピカでご機嫌！」
<small>ワッタハッピィクリーンキッド</small>

娘がひとりで湯船で遊び出したら、私はこう言っています。きょうだいならWhat happy, clean kids!と複数形に。私の友人でふたりの男の子のママは、お風呂の時間が一番ほっとできるといいます。仲良く湯船で遊んでくれるから、ママは何もする必要がないからです。「お風呂って楽しい」と伝えられる言葉です。

9 ふかふかのお布団で、お休みなさい

🔴 33, 61

レッツリラックス
Let's relax. 「ごろんしよう」

　寝かしつけることは最後の大仕事。時に子どもは「絶対に寝ない」という姿勢を見せることがあります。赤ちゃんの頃は、「夜泣きして大変よ」という話をよく聞きましたが、結局大きくなってからも寝させるのが大変なんて、だれも教えてくれませんでした！　でも、子どもを早く寝かせることは、親にとっても大切。ちゃんと寝た子は、次の日もご機嫌でいてくれますから。
　娘の寝る時間は夫が帰ってくる時間でもあり、パパと遊びたい娘をベッドに連れて行くのは本当に骨が折れます。このフレーズで、娘を落ちつかせてベッドにさそいます。

ハゥコゥズィ
How cozy. 「気持ちいいよ」

Big yawn. Big stretch.
ビーッグヤーン　　ビーッグストレッチ

「大きくあくび。大きくストレッチ」

　こう言いながら、私もベッドで大きなあくびをして、体をグーンと伸ばします。すんなりと眠りにつけるように、心と体を緩めるためのベッドでの体操です。もし、寝る前に絵本タイムがある方は、その後にこの台詞を。わが家でもそうしています。これは朝起きるときに使ってもOK。娘がぐっすり寝て朝起きられないときには、こう言いながらベッドでストレッチをします。夜寝るときのストレッチは、のんびりと行ってくださいね。

Mama's right here. 「ママはここよ」
ママズライトヒァ

　娘が眠いのになんとか眠らないと抵抗しているときには、この言葉で安心させます。子守唄を歌ってあげることもあります。赤ちゃんから聞いていた歌を聞くことで、ほっとするようです（決して私の歌が上手いから、というわけではありません……）。
　このフレーズは、娘が夜中に泣いて起きてしまったときにも使います。こう言うことで、娘を落ち着かせて、また寝てもらうようにしています。

Japanese Mama から　　寝る前に

　寝る前の絵本タイムでのこと。『Run!』という本のタイトルを見て、次女が「I run」と声を上げます。私が「Run!」と言い直すと、「違うよ！ I runって書いてある」と。私は困って「うーん、Runって書いてあるんだよ」と言うと、娘はワンワン泣き出してしまいました。もう一度本の表紙を見てみると、「Run!」の「!」が「I」に見えなくもありません。子どもの「読めた」という気持ちを台なしにしただけでなく、寝かしつけも大変に。似た形のアルファベットや記号には要注意です。

日本人ママの目線 ④　子どもの質問に答えられないときには

　質問攻めの時期にある子どもなら特に、「これは英語でなんて言うの？」と聞いてくるようになります。親としては、ここはスマートに答えたいところですが、子どもの世界の単語というのは、身近にあっても私たちが通り過ぎてしまったようなものばかり！

「水色ってなんて言うの？」「えっと、light blue かな」（正解は aqua）
「泣き虫は？」「うーん……」（正解は crybaby, baby）
「トンボは？」「……」（正解は dragonfly）

　親も完璧ではないのですから、ここは素直に「知らない」と伝えていいと思います。そして「一緒に調べようか？」といって調べると、後々親子で、「トンボは dragonfly だよね」と話題になったりして、定着するようになります。

　わが家のリビングには昔ながらの和英辞書が置いてあり、何かあると私はそれを引いています。先日も「〜ってなんて言うの？」と言いながら息子が私のところに辞書を持って来ました。私には辞書が必要、ということが分かっているようです。ですから、答えられなくても気にせず、一緒に調べて単語をどんどん増やしていけばいいと思います。ママの語彙力もこれでアップ。子ども目線の、生活に密着した身の回りの単語がどんどん増えていくはずです。

　逆に、「こう言っても分からないかな」とママ側が言葉をセーブする必要もないと思います。英語で子どもに話しかけていると、言葉としては分かっていないのに、「通じている」ことがあります。それは、毎日の生活の中で、「この場面ならママはこう言うだろう」ということを子どもが分かっているからです。そうなるともうクイズで、7歳の次女などは「こう言ったんでしょ？」「こういう意味でしょ？」と得意げに聞いてきます。

　思えば日本語も、私たちはきっと同じように身につけてきたはずですし、読めない漢字があっても、予想しながら読んできたわけです。ですから、推測することは、子どもは大得意なのかもしれません。

　「こんなこと言っても、分からないかも」と躊躇せず、子どもにどんどん推測させていきましょう。

第5章

泣いているとき、
困っているとき

1 泣いているときにかけたい言葉

　泣いている子をほめる？　そんなことできるの？　泣いている子どもの助けとなるフレーズは、実はたくさんあります。例えば、「機嫌が悪いのね」と、**子どもの状態を認めて言葉にするだけでも、そこから立ち直るきっかけとなる場合があります**。また、「感情の爆発を抑えよう」「なんとか気持ちを落ち着けよう」と**頑張っている部分に注目すれば、そこはほめたり、励ましたりするポイントになります**。

　子どもが泣く理由は（わけの分からないものも含めて！）、本当にたくさんあります。子どももつらいでしょうが、つらいのは私たちもです！　ポジティブな声かけは、親子共々、泣いてしまいたくなる悲惨な状況を回避する効果もあるのです。

●子どもは泣いて育つ

　もちろん、泣いている子どもを見ると胸が痛みます。私だって同じです。でも、私たちはもう少し、子どもが泣くことに慣れてもいいのかもしれません。「子どもは泣いて育つ」とは昔から言われますが、泣くことも成長の一部。赤ちゃんは特にそうです。赤ちゃんに泣かれると、すぐに駆けつけてしまうものですが、「親業」に慣れてくるにつれて、こういったことは減ってきます。

　ちょうど2人目の子どもを育てている私の友人も、ずいぶんと変わってきました。1人目のときには、泣いた途端に抱き上げ、ユラユラしていたのが、2人目の今となっては、本当に必要なときだけさっと抱っこして、あっという間に寝かしつけてしまいます。このように、私たちは少しずつですが確実に、「プロの親」になっていくのです。

　とはいえ、大きくなるにつれて、子どもが泣く理由も増え、

複雑（？）になっていきます。幼児期にあたる私の娘も、親には理解不能なあらゆる理由で泣き出します。ピンクの代わりに青いコップを渡せば、世界の終わりのように泣き出し、ミニーの代わりにドナルドのおむつを選べば、この「失敗」について泣いて抗議します。大好きなパンを、「間違った」切り方をすれば、ぽろぽろ涙を流します……。

　もちろん、何もかもがイヤだ、というわけではありませんが、それでもあるポイントが、涙腺を急に刺激してしまうのです。また、同じように全く分からない理由で、機嫌がよくなったりもします。これでは気むずかしいおじいさんと生活しているようなものです。

●感情を受け止めるだけで良いこともある

　泣くことで、子どもはいろいろな感情を表現します。不安なとき、怖いとき、驚かされたとき、傷ついたとき、気持ちが抑えられないとき、疲れすぎたとき。笑うのと同じように、泣くこともストレスを発散する方法のひとつです。

　子どもがストレスを感じるなんて、と思われるかもしれませんが、子どもは毎日の生活を自分だけでコントロールできないのですから、当然です。「今すぐ飲みたいジュースのキャップをだれかを探してあけてもらわなきゃならない」というようなことは、やはり子どもにとってストレスなのです。

　子どもが泣いているとき、駆け寄って手伝うより、子どもに任せた方がいいときがあります。もちろん**「待つ」方が親は大変です。でも大変と思われる場面こそ、子どもが成長するきっかけになります。**困難に直面することも人生の一部。そんな時に親は子どもに、こんな時にはどう対処すべきかを経験として教えることができます。

　子育ての方針によって、かける言葉は変わってくると思います。そのためにさまざまなフレーズが用意されています。多くは、子どもを励ましたりほめたりするだけでなく、子どもの感情を理解して受け止め、慰める意図が含まれています。

2 泣いたとき、いつでも使える言葉

Don't worry. 「気にしない」
ドンウォリィ

　何かが上手くいかないときや、イライラしているときに。子どもがご飯をこぼすなど、ママとしては「あ〜あ」と思ってしまう場面でも、気を取り直しこう言います。Don't worry, we can change your clothes.（気にしない。洋服を着替えればいいんだから）。実際、この方がお互いイライラせずにすむのです。「小さなことにイライラしない！」ということも同時に教えられますね。

　先日、私が飲み物をこぼしてしまったとき、娘がDon't worry Mama, we can go home and change your clothes.（ママ、気にしない。帰って着替えればいいんだから）と言ってくれました。

No worries. 「問題ないよ」
ノゥウォリィズ

It's OK. 「平気だよ」
イッツオゥケイ

娘が泣いたときに、私はよくこう言います。私自身は、何度もこの言葉を繰り返しますが、通常はIt's OK. It's OK.と2回言います。40ページに出てきたYou're OK.（大丈夫だよ）と同じように使えます。このItは状況を指しています。ですから「思っているほど状況は悪くないよ」ということ。だからちょっと泣いたり休んだりすれば、大丈夫だよね、と言っています。

I can see you feel… 「……と思っているの分かるよ」
アイキャンスィユゥフィール

I can see you feel frustrated.（イライラするの分かるよ）、I can see you feel sad.（悲しいの分かるよ）、I can see you feel upset.（怒ってるの分かるよ）のように使います。感情をコントロールできない子どもに、気持ちを認めてあげることで、落ち着くことがあります。「大丈夫」とか「泣かないで」の代わりに、「そんなふうに感じてもいいよ」と、言葉にして伝えます。親としては、「なぜそこで怒る？」と思うこともありますが、そこをぐっとこらえて「それでいいんだよ」と。言いながら、ギューとしたり、背中をなでたりできるといいですね。

We can fix it. 「直せるよ」
ウィキャンフィクスィット

娘はそれが直せると分かるととても安心します。何かできることがある、解決策があるとなると、そんなに慌てることはありません。そのため、私はこの言葉をよく使っています。Let's fix it.（直そう）もよく使います。その場では対処できないときには、later（後で）をつけて、We can fix it later.（後で直そう）と言います。Don't worry.の後につなげて使うこともよくあります。

泣いているとき、困っているとき

３ 転んだり、すりむいたり

Good recovery.
グッリカバリィ

「ちゃんと起き上がれたね」

　娘が転んだ後に、起き上がって私の元に駆け寄ってくることがあります。そんなときの言葉です。泣いていないで、遊びに戻ってくれるようにと、こう声をかけます。もちろんひどく転んだときには駆け寄ることもありますが、たいていの場合は、娘がひとりで立ち上がるのを見守ります。そしてこのように言葉にしてほめてあげるのです。

　大人との日常的な会話でも、悪い状況から回復した人に対して使われています。例えば、病気が治ったとき、困難を乗り越えたときに、このように声をかけます。

That must hurt. 「痛そうね」
(ザッマストハート)

115ページのI can see you feel... と同じ種類の言葉です。つまりこのフレーズは「あなたが痛いってこと、ちゃんとママは分かっているよ」と子どもに伝えているのです。子どもをハグしながら、もしくは傷を見てあげながら言うといいでしょう。特に慰(なぐさ)められなくても、この言葉だけで十分なことが子どもにはよくあります。きっと納得して遊びに戻ってしまうに違いありません。

Bye-bye boo-boo. 「いたいのいたいの飛んでいけ」
(バイバイブーブー)

赤ちゃんや小さい子に。boo-boo という単語は、切り傷や擦り傷などを指しています。アメリカ人ママたちは、キスをしながらこのように言います。日本の「いたいのいたいの飛んでいけ」と同じですね。私自身は使わないのですが、周りでたくさんの友人が使っています。子どもの言葉なので、小さいうちにぜひ。

How about a band-aid? 「バンドエイド、する?」
(ハゥアバウトバンデイド)

ちょっとふざけたようなフレーズですが、なぜか娘には効果があります。バンドエイドを持っていくと、けがをしたということをすっかり忘れて、「わーいバンドエイドだ!」という気持ちになるようです。そのため、わが家ではたくさんのバンドエイドが無駄になっているのですが……。でも、娘が延々と泣き続けることをを考えれば、安いものです。

もし、そのバンドエイドがキャラクターものなら、「けが」が今まで以上に増えてしまうのですから、困りものですが(笑)。

4 怖いよ、びっくりしたよ

🔴 36, 62

ザッワズァビッグサプライズ
That was a big surprise. 「びっくりしたね」

　子どもはまだ自分の感情を上手くコントロールできません。そのため、突然のことに驚いたり、泣いてしまうことがよくあります。場合によっては、大騒ぎとなってしまうことも。「うわっ、大きな犬だ‼」「なんで牛乳がこぼれちゃったの？」などなど。

　この世界で生きていくということは、たくさんのショックや驚きを経験することです。子どもたちはまだ、世の中の仕組みを学んでいる最中。大人にとっては分からないような出来事に、ひどくびっくりしてしまうこともあるのです。ですから、「そう感じるよね、そう思うよね」と親が共感することは、子どもが新しい経験を乗り越えるための助けとなるはずです。

What a comeback! 「元気になったね！」
(ワッタカムバァック)

　子どもがショックからすぐに立ち直り、いつもの状態に戻れたときに、使ってほしい一言です。わが家には、25キロにもなる犬がいて、遊びに来た娘の友だちをよく怖がらせてしまいます。ちょっとフレンドリーすぎるところがあって、小さな子にキスしようとするからです。喜ぶ子もいるのですが、怖くなってしまう子も。怖がっていた子が犬に慣れたら、こう伝えます。

What a shock. 「ショックよね」
(ワッタショーック)

　子どもが平静でいられなくなったときに。さまざまな状況で使うことができますが、shock（衝撃）という単語は、surprise（驚き）よりも強い言葉です。そのため、けがはしていないものの、何かにひどく驚かされた、驚いたというときに使っています。
　例えば遊びに来た娘の友だちが、大型犬が吠えるのに遭遇（！）したときなどです。自分の倍ほどの犬に吠えられたら、それはショックです。犬に慣れない子にも、こう言って共感します。

That's a little scary. 「ちょっと怖いね」
(ザッツァリトルスケァリィ)

　私はscary（怖い）という言葉を使わないようにしています。わざわざこの単語を使って、子どもに余計な不安を与えることもないと思うからです。とはいえ、娘はいつの間にか覚えて使っています。娘が怖くてたまらないのは、虫！　虫を見つけるたびに、娘は真剣な顔でscary……と言っています。
　surprise、shock、scaryは、どれも共感を示す言葉です。自分にしっくりくるものを見つけて、当てはめて使ってください。ちなみに、過去のことを話すときには、That must have been a little scary.（それは怖かっただろうね）となります。

5 動揺したり、ぷんぷんしたり

It'll pass. 「これも終わるよ」
イティルパス

　It'll は It will の短縮形。「この大変な状況も終わるよ」ということです。You're OK.（大丈夫だよ）のフレーズに続けて使うと自然です。小さいうちは、特に「過去・未来」という概念がありませんし、「今のこの状況」しか目に入らないことが多いので、こう言ってあげると助けになることがあります。「次に何かいいことがある」と分かるような状況で使ってみましょう。
　有名な英語のことわざに、似たものがあります。This too shall pass.「これも過ぎ去るもの（どんなにつらいことにも終わりがある）」。これはママにも響くアドバイスですね！

You're just having a tough moment.
ユゥアジャストハヴィングアタフモゥメントゥ
「大変ね」

子どもは本当に、大人には全く分からない理由で、動揺したり、ぷんぷんしたりします。夫と私はそんな娘の様子に、思わず笑ってしまうのですが、そんなときにも、親は子どもが「大変な状況にある」ことに対して共感することが必要です！ どんなに大人にとっておかしなシチュエーションでも、そう決めつけずに、「大変ね」と共感するようにしています。

It's OK to feel sad. 「悲しんでもいいよ」
イッツオゥケイトゥフィールサッド

子どもの心がよく分からずに、もどかしいことがありますよね。小さな子どもは、言葉で上手く説明できないだけでなく、本人でさえ悲しんでいる理由が分かっていなかったり。そんなとき、このフレーズなら「そんなふうに感じていいよ。説明も理由もいらないよ」と伝えられます。115ページのフレーズのロングバージョンです。

これは、大きな子にも。悲しい理由を親に説明したくないときがあります。大人もそうですよね。アレンジして、It's OK to feel angry.（怒ってもいいよ）、It's OK to be upset.（イライラしてもいいよ）のようにも使えます。

Wanna cuddle? 「ギューてしようか？」
ワナカドゥ

娘はギューとされることが大好き。悲しいときに、そうされるだけで落ち着くことがよくあります。cuddle（抱きしめる）の代わりにsnuggle（寄り添う）を使ってもいいですよ。どちらの言葉も、長めのハグによる愛情表現を表しています。Want to cuddle? もしくはDo you want to cuddle? が正式な言い方ですが、want toがwannaと省略されて使われます。

泣いているとき、困っているとき

イライラしてるんだね

シャルウィトライトゥギャザァ
Shall we try together? 「一緒にやろうか？」

　親から見れば、子どもの生活は、楽しくてラクそうに見えるものです。だって、ママがなんでもやってくれるのですから！　でも逆に子どもは、大人はなんでもできてうらやましいと思っているのです。

　子どもが何かができなくてイライラしているときの一言。娘がイライラしてあきらめてしまったときに、こう言って再チャレンジします。ふたりでやればできるので、その場は収まるのですが、私はもう一度自分だけで挑戦させるようにしています。そして今度こそできたら、You did it.（やったね）などほめ言葉をかけます。もし再チャレンジする気分でなければ、Next time, you can try again, OK?（次にまたやってみようね）と言います。

もっとほめてみよう！

アイノウイッキャンビィハード
I know it can be hard. 「大変だって分かるよ」

　大人になると、子どもにもストレスがある、ということをつい忘れてしまいます。例えばあなたが言葉の通じない国へ引っ越したとします。言葉も、文化も、ルールも分からず、周りの人が言うようにしなければならないとしたら……。これが子どもが置かれた状態です（それと日本に来たときの私も！）。小さな子どもを含め、だれしも自分の生活を自分自身でコントロールしたいという欲求があります。私はこのフレーズを言った後、状況を説明します。これは日本語で。例えばこんな感じです。「I know it can be hard. おもちゃを貸すのは大変だよね。でもまた使えるよ」

アイノウイッツハード
I know it's hard.

ハンギンゼア
Hang in there. 「頑張ろうね」

　子どもにとって、日々、あらゆる感情を経験するのは大変なこと。特にイライラのような感情ならなおさらです。このフレーズは、単に頑張れというだけでなく、It'll pass.（これも終わるよ）と似た意味が含まれています。すぐに気分はよくなるから、それまであきらめないで頑張ろうね、という意味です。

アイベッザッツフラストレイティン
I bet that's frustrating. 「イライラしてるんでしょ」

　これは、「感情の種類」が分かる大きな子に使います。That's frustrating, huh.（それイライラでしょ？）とも言います。最後のhuhは「そうでしょ？」という確認です。どちらのフレーズでも、「イライラする状況だとママは分かっているし、そう感じていいよ」ということを子どもに伝えています。

5 泣いているとき、困っているとき　123

7 怒っているの、分かるよ

Good showing your emotions.
グッショウインユァエモゥションズ

「気持ちを表すのは
いいことだよ」

　子ども同士のけんかほど、手に負えないものはありません。「会話で解決」なんて期待できませんから、親としては、きょうだいであれ、友だちであれ、けんかを終わらせなければなりません。そうしたら、いつの間にか怒りがこちらに向いていたりして(笑)。

　子どもはあまり深く考えず、怒りを表に出します。怒っている子どもの相手は本当に大変ですが、「感情を表現する」というスキルを学ぶ良い機会です。もちろん、子どもが怒るたびにほめる必要はありませんが、たまにはこんなふうに声をかけてあげるのもいいと思うのです。emotionは単数形、複数形どちらを使ってもいいのですが、気持ちがいっぱいいっぱいのときは複数形で。

Can you use your words?
キャニュゥユーズユアワーズ
「自分の言葉でお話しできる？」

　98ページのUse your words.（自分の言葉でいいよ）と同じく、「なぜそんな気持ちになったのか」を説明することは、気持ちを整理する練習になりますし、話すことですっきりもするはず。ちょっと落ち着いたら、こう声をかけてみましょう。自分のことを上手に説明できる子に使ってください。

Can you tell me what happened?
キャニュゥテルミィワッハプントゥ
「何があったか教えてくれる？」

I see you're really angry.
アイスィユアリアリィアングリィ
「怒っているの分かるよ」

　このフレーズは単に事実を述べているだけですが、共感の気持ちを表しています。けんかの理由やそれに同意できるかどうかは問わないため、けんかに介入しなくても使える一言です。

Deep breath. 「深呼吸して」
ディーブレス

　深呼吸は、怒っているときに役立ちます。呼吸に集中することで、意識を困難な状況から呼吸に向けることができるからです。子どもは気持ちの切り替えが苦手。わが家でも、娘がすごく怒っていてちょっと落ち着いた方がいいと思うときには、このように声をかけ、一緒に何度か大きく息をします（もちろんいつもやってくれるわけではありませんが……）。
　もうひとつ、『セサミストリート』が教えてくれるヨガの呼吸法、Belly breath.（腹式呼吸して）というものも。「Belly breathe Sesame Street」で検索すると詳しいやり方が見られます。
ベリィブレス

5 泣いているとき、困っているとき

8 反抗的なとき、素直でないときに！

<small>アイヒァユゥ</small>
I hear you. 「聞いてるよ」

　「スーパーで暴れる子」への見方が、親になってずいぶんと変わりました。「うわっ、大変！」とか「わがままな子だなぁ」と思っていたのが、今では「ママ頑張れ！」という気持ちに。
　公共の場所で駄々をこね出したら、どうしたらいいのでしょう。いつものスーパーで怒鳴り散らすわけにはいきませんから、切り抜ける秘訣、私だって知りたいです。そんなわが家で、なんとか機能しているのがこのフレーズ。I hear you, but we have something better at home.（聞いてるよ。でも代わりに家にあるもっとおいしいお菓子を食べようよ）のように使います。そのときにさっとハグをして、娘の視線をお菓子の棚からそらします。そしてできるだけ早くスーパーから立ち去ります。

What an opinion. 「意見があるのね」
ワッタンオピニオン

　今、娘はイヤイヤ期（早く終わるといいのですが……）。あらゆることが「イヤ」なので、「ねぇ、クッキー食べようよ」の誘いにさえ「イヤ、たべない」。必死に自己主張をしようとしている姿は、ほほえましいこともありますが、こちらが疲れているときにはイライラさせられます！

　このフレーズは、「ママはちゃんと聞いているよ」ということを伝えています。ただ、わがままを大目に見るという意味は含んでいないので、この言葉の後に、「でもね～」と、こちらの意見を伝えるときにも使えます。

I understand. 「分かったよ」
アイアンダスタンド

　What an opinion. に似ている言い方です。「言われた通りにしたくないこと、分かっているよ」と伝えています。もちろん、子どもの思う通りにしていいよ、ということではありません。ただ、子どもが今の状況に納得していないことを知っている、ママがあなたを怒らせていることは分かっているよ、ということを伝えています。

アイゲデットゥ
I get it.

Japanese Mama から　英語が口から出てきた！

　息子の口から英語が出てくるようになってきたのは、始めてから半年以上たってからでした。沈黙を守ってきた息子が、会話として最初に使い出した言葉は、No! でした。何を言ってもNo! の一点張り。たくさんの英語のほめ言葉をかけてきたはずなのになぜ……。イヤイヤの威力は、英語でも顕在です。

泣いているとき、困っているとき

9 かんしゃくを起こして、どうしようもないとき

I'm right here.
アイムライトヒァ
「ここにいるよ」

　英語では最初の反抗期、イヤイヤ期をThe Terrible Twos（魔の2歳）といいます。子どもは私たちを試すかのように、いたずらをしたり、かんしゃくを起こしたり。娘の最初のかんしゃくは、確か1歳半のとき。公園に行きたくないのか、大声で叫び出し、床に体を投げ出して全身で抵抗……。まだ2歳でもないのに、と思ったものです。

　こんなことが人前で起こったときには、待つしかありません。でも、ハグをしながらこう言えば「怒りが収まるまで待っているよ」ということを、十分に伝えることができます。また、私自身はよく、夜泣きのときにも使っています。自分を落ち着かせるための呪文としても役立っているのです！

もっとほめてみよう！

Way to get control. 「コントロールできたね」
ウェイトゥゲッコントロー

かんしゃくが収まったときの一言。ひどく怒っている最中に、ほめるのは難しくても、落ち着きを取り戻したときに、一声かけるのはいい方法です。それが、「次回、頑張ろう」という気持ちにつながるものです。

You're back. Are you back? 「落ち着いた。そうよね？」
ユァバァック　　　アーユゥバァック

ある日、公園に姉妹で遊びに来た友人の子どもが、30分以上もかんしゃくを起こし続けたことがありました。3歳のその子は、理由は小さなことだったのですが、どうしても気持ちを立て直すことができませんでした。ママはその間、娘を抱き寄せ、背中をなで、泣きたいだけ泣かせていました。

子どもがなかなかかんしゃくから立ち直れないとき、抱きしめながら、こんな言葉をかけてもいいですね。直訳だと「帰ってきた。帰ってきた？」という意味ですが、それは、子どもの気持ちが元の落ち着いた状態に戻ってきた、ということです。こう言いつつ、少しでも早く落ち着きを取り戻せることを願いましょう！

Japanese Mama から　「ひとりで楽しんでずるい！」

英語が好きになってもらうひとつの方法に、「ママが楽しんでいるのを見せる」ということがあると思います。私はインターネットで英会話を習っているので、子どもたちは私が楽しそうにネットで会話しているのを見聞きすることになります。娘たちはそれを見て「どうやらママはひとりで楽しいことをしている」という思いが強くなったようです。子どもはママの真似をしたがるので、英語で楽しむ自分を見せる、というのは、子どもを英語好きにさせるひとつの方法ではないかと思います。

日本人ママの目線 ❺ ガミガミ防止に一役

　しつけに重きを置いてしまうのは、日本人ママの傾向かもしれません。公共の場での振る舞いや、集団の中できちんとできるかに、非常に気をつかいます。「英語でほめる」を始めるにあたって、自分が子どもへどんな言葉を使っているかを意識したところ、ほとんどが「注意」でした。「けんかしない！」「片づけなさい！」「早く！」などなど……。しつけといえば聞こえはいいですが、私の場合、ただのガミガミ。ですから、これをそのまま英語にしていったとしたら、子どもはきっと英語嫌いになったと思います。
　「英語でほめる」を始めたおかげで、子どもをほめることが増えました。少しでもたくさん英語で話しかけたい、つまりいいところを見つけてほめてあげたい、という回路ができるためです。ある日のこと、英語でほめている途中に、息子がいたずらを始めました。とっさに英語で怒ってみようと思ったのですが、まったく単語が出てきません。怒るための英語はインプットしていないので、当然です。この方法は、私のガミガミ防止にも一役買っているようです。
　アメリカの親たちは、本当によく子どもをほめます。私は学生時代、1年間ほどアメリカの小学校で日本語教師として働いており、その間4つの家庭にホームステイをさせてもらいました。その中で、いかに親たちが、子どもをほめ、励ましながら育てているのかを目の当たりにしました。
　ある日、小学3年生の男の子の野球の試合を応援に行ったときのことです。チャンスの場面で、小さな男の子が3番バッターとして登場しました。応援席の期待が高まる中、全てのボールに対して思い切りバットを振り、三振……。日本であれば「あーぁ」といった声が観客席からついもれてしまうようなシーンです。
　ところが、大きなチャンスをフイにしたにもかかわらず、周りからは次々と Nice swing!　So close!　Good try! など、子どものチャレンジをほめる言葉の嵐。応援に来ていた親たちが、大声をあげて、小さな男の子を励ましていたのです。うつむいていた男の子の背筋も少し伸びたように感じられました。失敗を恐れずに挑戦する気持ちというのは、このような中で育まれるのかもしれません。
　英語でほめるということは、単に英語力だけではなく、子どもの成長に大きく影響を及ぼすのではないかと感じています。

第6章

お兄ちゃん、お姉ちゃんを
もっとほめよう

 お兄ちゃん、お姉ちゃんの活躍に注目！

　娘がお腹にいるときに、面倒くさがり屋の私は、「7歳くらいで生まれてくればいいのに」と小学生を持つ友人に話していました。7歳であれば、自分のことは自分でできるし、ちゃんと親の言っていることも理解できますから。私自身、3姉妹の末っ子ということもあり、赤ちゃんと暮らしたという経験がありませんでした。また、東京で夫と出会い、結婚したときには、まだ周りに子どものいる友人がいませんでした。そのため、話が通じる大きな子ならともかく、赤ちゃんとなるといったいどうしたらいいのか、まるで検討がつかなかったのです。

　でも、まぁ、なんとかやってこれました。今になってみると、娘が生まれてからこの3年ほどの間に、母親として多くのことを学び、日々の成長に喜びを感じることができました。何もできなかった赤ちゃんが、**意思を持ったひとりの人間へ成長する様を見ることができたのです**。娘は最近、冗談を言うようになりました。これには、夫婦でびっくりしたり、喜んだり。

　頭と心、そして個性がきちんと育っているということに、当たり前ながらも驚かされます。もうすぐ3歳。「もう赤ちゃんじゃないよ、お姉ちゃんだよ」というのが口癖です。小学校なんてまだまだと思ってはいても、きっとあっという間にその時はくるのでしょう。

●大きい子はほめ言葉に敏感

　私自身は、大きな子どもを育てた経験がないので、この章でご紹介するフレーズは、友人たちから見聞きしたものです。私の甥がちょうど小学生なので、姉家族の中で使われているものもピックアップしました。また、3姉妹の末っ子として私が今までに聞いてきたフレーズもたくさん思い出し、ここに掲載し

ました。この中の多くのフレーズを親から言われましたし、姉たちは私に向かって使っていました。

小さい頃とは違って、大きくなってくると子どもたちはほめ言葉に、前ほど反応しなくなってきます。ほめられないとやらない子まで出てきます(なので、ほめすぎには注意です)。また、成長するにつれて、親が心からそう思ってほめているのかを疑うようになります。子どもから「ふーん」という目で見られたり、直接「ふざけないでよ」と言われることもあるかもしれません。この頃の子どもは、親を試すような言動をついしてしまうことがありますが、これは親との関係を見直し、自立へ向かう新たなステージです。

●大きな子どもをほめるときの注意点

プロローグでどのようにほめるかというお話しをしましたが、ここでもう一度その内容を振り返ってみましょう。特に大きな子どもたちをほめる際の注意点を確認しておきます。

1 結果より努力をほめる。子ども自身が変えられないもの、才能、外見、知性ではなく、「努力や頑張り」をほめる。
2 「ほめるとき」を選ぶ。ここぞというときに励ます。
3 心からほめる。適当なほめ言葉に子どもは敏感!
4 大きな子には特に丁寧に説明する。子どもが理解できるように説明部分は日本語とし、英語のフレーズをつけ加える。
5 自分らしく。人前で英語を話すのに抵抗があるなら、無理はしない。
6 ほめすぎない。
7 子どもをよく観察する。自信がない子には、ほめ言葉がプレッシャーとなることも(「達成できなかったら」と不安になる)。自信のある子には、ほめ言葉が努力を妨げることも(「天才」などとほめすぎると努力しなくなる)。
8 自分のコミュニケーションスタイルを知る。自分の性格とほめ言葉が一致するように、いかにも使いそうな言葉を選ぶ。

2 きょうだいっていいね

What a good big brother!
ワッタグッビッグブラザァ

「なんていい お兄ちゃん！」

　子どもたちだけで遊んでいてくれれば、ママは大助かり。その間に、夕飯の支度や家事ができますよね。けんかをせずに遊んでいてくれれば、ちょっと休憩も……できるかもしれません（子どもが何人もいたら、それこそママには休憩が必要！）。

　お兄ちゃん、お姉ちゃんが側にいてくれれば、子どもの気をママからそらすための策をあれこれ練る必要はありません。きょうだいってありがたい！　下の子と一緒に遊んでくれたら、このフレーズでほめてあげましょう。ちなみに、弟、妹はそれぞれlittle brother、little sisterといいます。

　この章において、全てのbrother(s)/sister(s)は入れ替えて使うことができます。

134

もっとほめてみよう！

How kind of you.「優しいのね」
ハゥカインドブユゥ

　私のお気に入りの言葉です。お友だちに優しくできたときにも使えます。おもちゃを貸し借りできたり、相手に親切にできたときに声をかけてあげましょう。現在、過去ともに同じ表現でいいので、その場でも家に帰ってからでも、同じフレーズが使えます。

You two get along so well.「仲がいいのね」
ユゥトゥゲットアロングソォウエル

　友人が、きょうだいふたりで仲良く遊んでいるときに、こんなふうに声をかけていました。これならふたりを同時にほめることができますよ。きょうだいが仲良く遊んでいるのに気づいたら、すかさずほめてあげましょう。

　もちろん、お友だち同士でも使えます。娘は友だちが遊びに来ても、まだおもちゃを貸すことができません。小さいから仕方ないか、と思いつつ、母親としては少々居心地が悪いのも事実。少しでも仲良く遊べるようにと、このフレーズで必死の声かけです。

　お友だちやきょうだいなど子供が2人以上のときには、You three...、You four...、You all...、のようにして使います。

Japanese Mamaから　大きな子には

　子どもが大きくなるにつれ、スキンシップの機会は減っていきます。わが家も同じで、小学校の中学年の長女も、恥ずかしさが先に立ってしまうようでした。それが変わってきたのは、「英語でほめる」を始めてから。Love you. や Give me a hug. と一緒にギューとする機会が増えたのです。このようなフレーズがスキンシップをとるきっかけになったのは、思いがけないことでした。

3 ちょっと難しいお手伝いも

43, 63

ハゥケアフルアンドウェルダン
How careful and well done.

「注意して上手にできたね」

　アメリカでは小さい頃からお手伝いをするのが当たり前でした。3人姉妹のわが家でも、お手伝いは当然のこと！　小さい頃からゴミ捨てをしていましたし、お皿洗いや部屋のお掃除もしていました。末っ子の私としては、姉たちと同じことをしたくて仕方がなかったので、どんどん難しいお手伝いに挑戦していったのを覚えています。そうすることで、責任感も出てきて、自分も家族の大切な一員と認められるような気がしていたのです。今も昔みたいに、お掃除が大好きなら良かったのですが……。

　大きな子には、できるだけ細かく説明するといいと思います。例えば洗濯物をたたんでくれたとしたら、「角をぴったり合わせられたね」と日本語で言った後に、このフレーズを加えます。

I didn't even have to ask!
アイディドゥンイーブンハフトゥアースク

「頼んでもいないのに!」

学校の準備を自分でしたり、脱いだ洋服をちゃんと片づけたり、自らお手伝いをしてくれたら、親としてこんなにうれしいことはありません!「ようやくできるようになった……」と、ひとり祝杯をあげてしまうかも。この状態が続くためなら、どんな言葉も厭いません。私も娘が何か自分からお手伝いをしてくれたら、すかさずほめて励ますようにしています。Thank you.をつけ加えてもいいですね。

You did that all by yourself?
ユゥディドゥザッオールバイユァセルフ

「全部自分でやったの?」

お手伝いのとき、子どもは責任を感じているものです。3歳にならない娘でも、それは同じ。ですから、ひとりでおもちゃを片づけられたときなどは、すぐにこう伝えます。自分でなんでもできる大きな子なら、このフレーズはすごく便利。語尾を上げて発音し、質問の形で聞くことで、会話を促す、大きな子にぴったりのほめ言葉になります。

You really helped me.
ユゥリアリィヘルプトゥミィ

「助かったわ」

娘はハンドクリーナーが大好き。少し前までは、私が掃除を始めると、犬と一緒になって怖がっていたのに! 何かお手伝いをしてもらったときには、きちんと「助かった」と言うようにしています。お手伝いが助けになった、ということを伝えたいからです。you(あなた)と me(私)という単語が含まれているため、itやthatを使うことに比べ、親子の親密な感じを出すことができます。Thank you.を後につけてもOKです。

4 勉強してえらいね

That's it! 「その通り！」
<small>ザッツイットゥ</small>

　子どもが正解したときには、こう言ってあげましょう。このitは解いている問題の答えを指しています。その意味で、「その通り」というのは、「答えが合っているよ」ということです。もしくは、itを子どもの努力という意味で使えば、「ちゃんと努力しているね」ということですから、「その調子」となるでしょうか。35ページの、You've got it.（当たり）のフレーズも、この場面にぴったりです。

　娘は学校の勉強はまだですが、頭を使うようなゲームをするときには、ここにあるフレーズを使います。アルファベットを唱えたり、パズルで遊ぶときにぴったりです。

Keep it up. 「頑張れ」
キーピィットアップ

　私も親にたくさん勉強を見てもらいました。皆さんもそうですよね。このフレーズは、学校の宿題やさまざまな学校のプロジェクトを「頑張って続けよう」という意味です。itは子どもの努力を指しています。そのため、Keep up the effort. という言い方もOKです。勉強だけでなく、スポーツの場面でも使えます。

You're close. 「おしい」
ユァクロゥス

　正解まであと1歩だったり、もう少し頑張れば勉強が終わるときに。Keep it up. や Keep going.（その調子）をこの後につなげて、応援してもいいですね。この本ではすでに、こんな場面で使えるいくつかのフレーズが登場しています。第2章の Almost there!（あとちょっと！）、So close.（おしい）、Trust yourself.（自分を信じて）、One more time?（もう1回？）など、あと一息というときに使えるフレーズです。

Great work. 「よくできたね」
グレイトワーク

　とても短い言葉ですが、親が勉強についてほめるときに、とてもよく使われます。同じ意味の Excellent work. や Good job. もいいですね。どのフレーズも、具体的に説明を加えながらほめているわけではないので、「努力を認めて励ます」という意味においては、それほど強い言葉ではありません。でも、シンプルで力強い響きを持っています。ただ使いすぎにはご注意を。

⑤ ナイシュート！ クラブやスポーツ

🔴 45, 63

ウェイトゥゴォ
Way to go. 「よくやった」

　よくスポーツの試合で勝ったときに使われますが、練習を頑張った後に使ってもOK。頑張った成果が出たときに、こう声をかけてあげましょう。That's the way to go.を縮めたものです。

　このフレーズは、子どもにだけでなく、普段とてもよく使います。私など、自分を励ますためにつぶやいてるくらい（「自分の励まし方」については、次の章でお話しします）！　頑張った人の肩を後ろからたたいて、声をかけるときにもこれです。

　また、いいニュースを聞いたときの「良かったね」という相づちとしても。大人にも子どもにも使えます。

Good teamwork. 「いいチームワークね」
<small>グッティームワーク</small>

　チームでの活動に。スポーツはいろいろなことを私たちに教えてくれます。特に日本では集団できちんと活動できることが重要視されていると思います。そのため、このフレーズは多くの場面で使うことができるはずです。スポーツのみならず、学校でのグループ学習や運動会や発表会などでも使えます。家では、一緒に食事の準備ができたなど、きょうだいでの協力が見られたときに。

You tried hard. 「頑張ったね」
<small>ユゥトライドハード</small>

　試合に負けると、ひどく落ち込んでしまう子がいます。そんなとき、励まそうと思って失敗、なんてことはないでしょうか？ もし、声をかけてよさそうなタイミングがあれば、このフレーズなら大丈夫。ひどく落ち込んでいて話しかけるのも難しいなら、子どもが話し出してから「頑張ったね」と伝えてあげましょう。本人の技術的な面やチームワークで、何かしらほめるポイントはあるものです。タイミングを大切にしてください。

Nice shot! 「ナイスシュート！」
<small>ナイスショット</small>

　サッカーやバスケットボールで、子どもがネットに決めた瞬間に。人前で英語を話すことに慣れてきたら、試合中に叫んでもいいですよ！ もちろん、家に帰ってから改めてこのように伝えることもできます。英語そのものの発音は、「ナイスショット」となります。shot は名詞です。

Nice kick! サッカー
<small>ナイスキック</small>

Nice hit! 野球、テニス、バレーボール
<small>ナイスヒット</small>

6 お兄ちゃん、お姉ちゃんをもっとほめよう

子どもの話をたくさん聞こう

アハァ
Uh-huh. 「うん」

　子どもが学校から帰ってくると、「今日はどうだった？」と聞きますよね。これはママの役割のようなものです。そして子どもたちは同じように答えます。「べつに」「忘れた」。日本人ママからも、アメリカ人ママからも、同じ不満が聞こえてきます。「うちの子は学校のことを全く話さないの」。

　子どもとのコミュニケーションの専門家たちが、「学校のことを聞くのではなく、話し出すのを待ちなさい」と言っていることをご存じでしょうか。必要なのは、「相づち」。ちゃんと聞いているし、詮索するつもりはないから、もっと話していいよ、という気持ちがこのシンプルな相づちの裏にはあります。母親の「うん」という相づちが、子どもをおしゃべりにさせるんですね。

Great question. 「いい質問だね」
グレイクエスチョン

　娘は今、What's that?（あれなに？）の真っ最中。甥っ子を見た感じでは、次はWhy? Why? Why?（なぜ、なんで、どうして）でしょうか。しばらくは、ウィキペディアのブックマークは外せそうにありません。たとえ質問攻めに少々疲れても、好奇心の芽は大切にしたいものです。

　質問だらけの毎日に、助けとなるフレーズがこれ。どう答えていいのか分からないときにも使えます。なぜなら、「質問したこと自体」をほめているからです。似たようなものに、Good idea.（いいアイデアだね）があります。賛成はできなくても、子どものひらめきを認めています。子どもも喜ぶ一言です。

Thank you for explaining. 「説明してくれてありがとう」
センキュゥフォエクスプレイニン

　学校でのけんかなど、話したくないな、ということもあります。そんなことを打ち明けてくれたときには、親としてはすぐにアドバイスをしたくなりますが、そこはぐっとがまん。まずは、このフレーズで、「説明してくれてありがとう。ちゃんと聞いているよ」ということを伝えます。

I enjoyed our talk. 「お話、楽しかったね」
アイエンジョイダワトーク

　最近は、娘ともずいぶん会話を楽しめるようになってきました。「会話をしよう」としていること自体が、うれしい驚きでもあります。どんなふうに世界を見ているのか、そのユニークな頭の中を覗いてみたい思いです。会話の後、それが簡単なものであっても、まじめな話であっても、このフレーズで「ママはあなたと話すのがとても楽しい」ということを伝えてください。

　お兄ちゃん、お姉ちゃんをもっとほめよう

7 ちゃんとママの話を聞いてる？

🔴 47, 63

ウェイトゥリッスンケアフリィ
Way to listen carefully.

「ちゃんと聞けたね」

　子どもはあまり話を聞いていません。特に、おもちゃで遊んでいるときなど、何度呼んでも無駄、ですよね。このフレーズと、89ページの Way to follow directions.（指示通りにできたね）は、普段ママの言っていることがほとんど耳に入らない、という子にぴったりです。きっとどの子もそうですね。

　140ページの Way to go.（よくやった）と同じく、これも Way to... のフレーズ。何かを上手にしている人に対して使われます。そのため、いろいろな能力や技術、もちろん今回の「話をちゃんと聞く」ことにも当てはめることができます。他には、Way to be gentle with your little sister.（妹に優しくできたね）や、Way to work hard at school.（勉強頑張ったね）のように使います。

I see you're listening closely.
アイスィユアリスニンクロゥスリィ

「ちゃんと聞いてるって分かるよ」

先生や他の大人、そしてママの話をちゃんと聞いているときに、こう言って子どもの努力を認めます。子どもの頑張りを認めて言葉にすることは大切。積極的な態度をただほめるだけでいいのです。過去のことを言うときには、I see you were listening closely.（ちゃんと聞いてたって分かるよ）となります。

That's what I call paying attention.
ザッツワッタアイコールペイングアテンション

「これこそちゃんと聞くってことね」

子どもが話を聞いて言った通りに行動してくれたら、毎日がもっと楽になるのに、と思ってしまうのは私だけでしょうか。

That's what I call...（これこそ……）は、いろいろな場面で子どもに使われるフレーズです。今回の場合は、あなたの話をちゃんと聞いていたり、指示にきちんと従えたときに使います。これも子どもの頑張りに気づき、認めるフレーズです。callの後に、他の形容詞や行動を入れて文章をつくることができます。That's what I call using teamwork.（これこそチームワークね）、That's what I call restraint.（これこそがまんね）。

Japanese Mama から　子どもはスポンジ

「子どもと英語」について相談をすると、expose（触れさせる）とsponge（スポンジ）という単語をよく耳にします。まず「できるだけ英語に触れさせる」ことが大切というのです。直接聞いていなくても、バックの音楽を英語の歌に変えるだけでも効果があるといいます。そして、Kids are a sponge.（子どもはスポンジ）だから大丈夫、なんでも吸収するよ、と言って励まされます。

8 礼儀正しくて、ママはうれしい！

🔴 48, 63

How polite. 「礼儀正しいのね」
ハゥポライトゥ

　子どもは、社交性を身につけていく必要があります。きちんと挨拶できることは大切ですし、近所の大人とどう話すかなども大きな子にはひとつの課題です。学校でも、職場でも、友人や恋人との関係においても、きちんと振る舞うことが必要とされます。同じ年の子どもたちとばかり遊ぶのではなく、お兄さん、お姉さんたちと遊ぶことで、年上とのつき合い方を学び、自分より小さな子どもたちのお世話をすることで、優しく接することを学んでゆきます。このフレーズは、子どもが周りの人との関係の中で、きちんと振る舞えたとき、優しくできたときなどに使います。

You were so polite. 「礼儀正しくできたね」
ユワァソゥポライトゥ

もっとほめてみよう！

You listened so quietly. 「静かに聞けたね」
ユゥリッスンドソゥクワイエトリィ

　子どもが大人の会話に割り込んでくるときがあります。特におしゃべりな女の子など、自分が子どもであることを忘れて、何かと意見したりしますよね。アメリカでは、会話の内容にもよりますが、気にしない親も多く、大人に混ざって会話できることをよしとする雰囲気もあります。日本では、そのあたりの様子は違うように感じます。子どもが大人の会話をさえぎらずに、静かに聞いていられたら、こう言ってほめてあげましょう。

You let Mama talk. 「ママに話させてくれたね」
ユゥレットママトーク

　もうすぐ3歳の娘は、夫婦の会話に入りたくて仕方ありません。そのため、私たちは落ち着いて話もできません！　少しでも静かにしていられたらほめて、私たちが話し終わった後に、You let us talk. Now it's your turn.（話をさせてくれてありがとう。あなたの番よ）が最近の定番フレーズになっています。

　今は私の注意を引こうと、延々と「ママ、ママ！」と言い続けています。隣に座っていて、一緒に過ごしていたとしても、です。たとえ24時間注目していたとしても、子どもはそれ以上に、親に自分を見てもらいたいんですね。

Just like a grown-up. 「大人みたいね」
ジャスライクァグロウナップ

　これは子どもに人気のほめ言葉です。子どもは「お兄さんみたい、お姉さんみたい」と言われるのも好きですが、「大人みたい」も大好き。例えば、何かの集まりがあるときに、男の子がゲームばかりでなく、ちゃんと仲間に入れたときには、こう言って認めてあげましょう。You behaved just like a grown-up.（大人みたいに振る舞えたね）を縮めたものです。

9 自立に向かって

 49, 63

Good for you! 「良かったね！」
グッフォユゥー

　子どもの自立は、親にとって時にさみしいこともあります。ほんの少し前まで、おかゆを口に運んでいたのに……なんて思ったり。そうは言っても、自立を促すことは親の義務。ですから、子どもが自分で何かを成し遂げたときには、それを認めて、ほめることが大切です。この簡単なフレーズで、子どもの成長を喜んでいる気持ちを伝えることができます。

　本当に多くの場面で使えます。子どもがお友だちのいいニュースを教えてくれたときにはyouをhim、her、themなどに変えて使います。大人にもOKです。

ザッツグレイト
That's great!

You must feel proud.
「自分が誇らしいでしょう」

ひとりで何かできたとき、あなたが本当にびっくりしたときに。「大人みたく行動できて誇らしいでしょ」と促します。

私は日本の小学1年生が、ひとりで歩いて学校に行くのにとても驚かされました。アメリカのママたちは、1年生をひとりで歩かせるなどできません。娘が1年生になったとき、私自身がこの不安を乗り越えられるかどうか。それでも娘がひとりで行けたときには、このフレーズの出番となるでしょう。

You finished it all by yourself.
「全部ひとりでできたね」

これも子どもを認めるときのフレーズです。どんなことでも、宿題でも、朝の準備でも、ひとりでできたときには、それに気づいて言葉にします。親が子どもの頑張りに気づくことで、子どもは「また同じようにやろう」という気持ちになるものです。

I see you didn't need any help.
「助けがいらなかったって分かったよ」

このフレーズは、子どもが親や周囲の助けなしにできた、ということに気づき、それを言葉にしているものです。I see... というフレーズは、子どもが何かいいことをしたときにさまざまな場面で使うことができます。小さな子でも、大きな子でもOKです。子どもの年齢によって、声のトーンを変えましょう。こんなふうに使えます。I see you were gentle with the cat.「ネコに優しくしていたの分かるよ」、I see you worked hard on that project.「課題を一生懸命やったって分かるよ」

日本人ママの目線❻ ハードルはどれくらい？

　子どもにどのくらい英語ができるようになってほしいのか。英語を家で使い始めるにあたり、改めて考えてみました。この目標設定が曖昧だと、「さらに、もっと」と期待をかけすぎてしまうかもしれないからです。みなさんは次のうちどの辺りでしょうか。
　1　完璧なバイリンガル
　2　外国人と議論ができる
　3　外国人とコミュニケーションがとれる
　4　旅行などで困らない
　実は、1の方は少ないのではないかと思います（私は3でした）。そして、ママの目標はあまり高くない方が、親子ともにリラックスして英語に取り組めるのではないかと思うのです。
　カリンによれば、たとえ母親がネイティブであっても、子どもを完璧なバイリンガルにするためには、親子ともに相当な努力が必要とのことです。そうなると、わが家のような日本人夫婦の子どもに、それほど多くを期待するのは酷というもの。であればハードルをぐっと下げ、その後は子どもの努力に任せるという姿勢でもいいのかな、と思っています。将来英語が必要になったときに、「苦手」と言って逃げ出さずに、必死になって取り組める「英語の基礎体力」をつけることができれば、親の役割としては十分だと思うのです。
　最後にちょっと変わった例を。ボノボというチンパンジーに似た猿がいます。ボノボはチンパンジーと並び、最も遺伝子的に人間に近いといわれています。ボノボの世界的研究者であるSavage Rumbaugh氏は次のように話しています。ボノボが、人間との「生活の中で」英語を理解するようになったというのです。
「ボノボに言語を習得させるために、一番大切なことは、『教えてはいけない』ということです。大切なのは彼らの周りでただ話すこと。自分にとって大切と思う人が言っていることを理解したいと思うこと、これこそが言語習得の原動力となるのです。一度その能力を身につけると、彼らは自然に、そして自由に言語を汲うようになります」
　種が違っていても、「大切な人とのコミュニケーション」が言語習得の鍵のようです。ボノボだって英語を覚えられるのですから、うちの子だって、とボノボに勇気づけられています。

第 **7** 章

家族で英語を楽しもう！

1 家族でもっとほめ合おう

　赤ちゃんがお腹にいるときには、いろいろと楽しいことを想像してしまいます。日の差すリビングでくつろぐ夫と私。そして子犬の横にはかわいいベビー……。そうです。子どもが生まれて初めて、それが幻想だったことに気づくのです。母親業とは終わりのない、とてつもない重労働。ママには、休憩時間も、それどころか静止している時間さえありません。ちょっと前までは、ひとりの自立した女性だったのがウソのよう。今や私たちは、いつだって自分のことは後回し、小さな家族を最優先にしなければなりません。

　子どもは何よりも大切です。母親業は、人生の中で最も素晴らしい仕事でしょう。でも、思うようにはいかないものです。「頑張っているのは私だけ！」と思ったり。

　この本は、ポジティブなフレーズの例として、幸せそうな場面が多く出てきましたが、もちろん私の子育てがそんな感じ、というわけではありません。それどころか、その反対！　ただ、**ポジティブな言葉が、イライラした状態から自分を救ってくれた経験を積み重ねてきたことは事実**。そんな言葉の魔法を、この本を通じて、同じように大変なママたちにお伝えできたら、とてもうれしく思います。この本の英語のフレーズが、皆さんの「窮地」も救ってくれますように！

●**家族全体を「英語圏」に**

　最終章では、今までご紹介したポジティブなフレーズを家族みんなで使います。家族みんながお互いを尊重し、励まし合う雰囲気をつくることを目指します。

　まずは、ジェスチャーとニックネーム、そして家で無理なく使える「間接的なほめ方」をお伝えします。**間接的なほめ方と**

いうのは、子どもや夫に対して面と向かってほめるのではなく、他の家族に話す方法です。ある人の良い印象を、聞いている人にちゃんと与えることができます。そして、ほめられている人の耳に入るように話す、という方法もあります。

例えば、子どもの前でパパをほめます。たいていの場合、父親は母親ほど多くの時間を子どもと過ごしてはいません。ですから、子どもも父親のことをあまり知らなかったりするものです。Papa's working hard.（パパは一生懸命働いてるね）とか、Isn't Papa great?（パパってすごいよね）などと、あなたが夫のことを子どもの前でほめれば、父親の良い印象を子どもに与えることができますし、このような会話は、子どもにとっても良い影響となります。パパがいるときも、いないときもほめることはできますが、聞こえた方がパパもうれしくなりますし、自信も高まりますよね。パパにもほめ言葉の効果がありますよ！

この間接的なほめ方は、家族のだれにでも使うことができます。特に英語でほめることを頑張る私たちなら、**一方的に子どもに話しかけるだけでなく、このようなほめ方を通じて家族全体を「英語圏」に巻き込むことができるのです。**「英語でほめる」に慣れた方は、ぜひこの次のステップを試してみてください。

●励まし合える空気をつくる

ほめることは、単に子どもに自信をつけるだけではありません。ほめ合うことで、家族の中で励まし合える雰囲気ができるのです。完璧な家族などありません。もちろん、けんかもするでしょう。子どもとの生活は、実際のところ、かなりのストレスだからです。することは山積み、家はぐちゃぐちゃ。優しいママでいられない日だってあります（その方が多いかも！）。そうであっても、皆が常にポジティブな話し方をしていれば、けんかやストレスからより回復しやすくなるはずです。

私たちは、互いの励ましを必要としています。家族みんなが励まし合える空気が家の中にあれば、毎日はもう少し過ごしやすいものになるに違いありません。

2 ジェスチャーあれこれ

ハイファイヴ
High five! 「ハイファイブ！」

　話さなくても、ほめることができます。それがジェスチャーのいいところ。もちろん、今まで覚えたほめ言葉に、ジェスチャーをつければ、もっと楽しくなりますよ。子どもはボディランゲージが大好きですから、すぐに覚えてくれますし、実は大人だって楽しい気持ちになるのです。
　このハイファイブ、うちでもよく使っています。だれかが面白いことを言ったり、新しいことをしたりなど、「何かいいこと」があったときに、相手と手をパチンと合わせます。小さい子には、「ハイファイブ！」と言いながら、パチン！　日本でも、小さい子がバイバイするときに「ハイタッチ」をしていますよね。だから子どもはすでに慣れているかも。ママたちもぜひ。

クラッピング
clapping　拍手

　赤ちゃんは拍手が大好き。拍手は娘が最初に覚えたジェスチャーでした。Yay!（イェイ！）や Hooray!（やった！）などと一緒に、何かをほめるときに使っています。小さな子は、自分の手から音が出ることに喜ぶものです。

サムズアップ
thumbs up　親指を上げる

　相手を認めるときのジェスチャー。確かテレビには、Good job!（よくできたね！）と言いながら親指を立てるお兄さんがいましたよね？　この番組を見ているなら、子どもは喜ぶはずです。片手だけでなく、両手の親指を上げてもOK。小さな子は、親指だけを上げるのは難しいものですが、すぐに慣れます。それに、頑張って親指を立てようとしている姿はかわいいものです。日本で定番のピースサインよりは楽だと思いますよ！

ハギング
hugging　ハグ

　相手を抱きしめるハグは、日本ではなじみがないようです。ハグは愛情を表すとても簡単な方法です。例えば短いハグなら「よくやった！」という意味を、長く優しいハグなら「ママはここにいるよ」と慰めの気持ちを伝えることができます。

　ヨーロッパ系の私の両親は、ハグよりキスを子どもへの挨拶代わりとしていました。そのため、私も大人になって初めて、キスよりもハグする方が自分にしっくりくる、ということに気がついたくらいです。ですから、私がそうだったように、皆さんだってハグすることに慣れるかもしれません。ハグの習慣を始めるとしたら、小さい頃から。子どもはギューとされるのが大好きですからね。夫とは無理でも、子どもとはきっとできますよ（笑）。

7 家族で英語を楽しもう！

3 ニックネーム

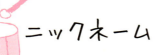

Kiddo 「キドー」
キドゥ

　ニックネームは英語ではpet nameとも呼ばれます。日本人の名前は、最初の2文字を取って短くすることが多いですよね。ですから、どんな子にも共通のニックネームは、あまり聞かないような気がします。子どもに愛称をつけるのは、なかなかいいものです。愛称で呼ぶと、子どもとの関係がぐっと縮まる気がします。
　私の父は、私や姉たちのことをよく、kiddoと呼びました。甘すぎないので、言いやすいのではないでしょうか。
　この項目にある全ての愛称は、相手を直接呼ぶときに使います。例えば、日本人の愛称のように、ママ友など他の人に自分の子どものことを話すときには使いません。もちろん、先生などと話すときにもNGです。

<ruby>Baby<rt>ベェィビィ</rt></ruby> 「ベイビー」

　Babyという愛称は、赤ちゃんだけのものではありません！　何歳になっても使えます。実際、大人にも使います。自分がとても身近に感じる人にだけ使われる愛称なので、子どもに使うのにはぴったりです。私も娘を気づかないうちにBabyと呼んでいることがあります。2歳になってからも、そう呼んでいたので、それを聞いた先生方は、「あれ？」と思ったかもしれませんね。ただ、最近娘に「Babyじゃなくて、お姉ちゃんよ！！」と言われてしまい……。違うニックネームを考えなければいけないかも。

<ruby>Honey<rt>ハニィ</rt></ruby> 「ハニー」

　ハニー。ちょっと（恥ずかしくて）ハードルが高いでしょうか？　私自身はとてもよく使うのですが、もし、子どもにこう呼ぶことが全く想像できないなら飛ばしてください。親しみの感情を持つ相手に対して使われます。私が子どもの頃にも普通に使われていたと思います。あまりによく使われるので、短縮形の<ruby>Hon<rt>ハン</rt></ruby>という言い方もあるくらい。これは最近、女性の友人の間でよく使われています。携帯のテキストメッセージの最初を、Hi hon...と始めたりしますよ。SweetieやDearなども子どものニックネームによく使われています。

 ニックネーム

　ニックネームは、日本人の私にはいまだにハードルが高いものです。たぶん、「ハニー」「ベイビー」などが恋人同士で使うもの、という余計なイメージに縛られているからだと思います。でも、こんな短い言葉で愛情表現できるのですから、使わないのはもったいないですよね。小さい子に向けては言いやすいはずですから、こればかりは早いうちからぜひ！

4 子どもの前で、ママをほめる

52, 64

Yay Mama! 「イェイ、ママ！」
イェイママ

　ここから数ページは、直接子どもをほめるのではなく、家族の他のメンバーをほめる方法です。まず最初は、ママが子どもの前で、ママをほめます。つまり自分自身です。ママはたいてい、一番後回し。もちろん一番愛されているかもしれませんが、十分に感謝をされているとは言いがたいと思います。ですから、時には、「ママは頑張っている」ということを、声に出して言ってもいいと思うのです。きっと子どもだって、すぐに真似して、あなたのことをほめるようになってくれると思いますよ。

　こうすることで子どもに、「自分をほめてもいいんだ」ということを教えることもできます。多くのフレーズは、冗談っぽさを含んでいますので、そんな雰囲気で言ってみましょう。

Mama did it!　「ママ、やったね！」
ママディドゥイットゥ

　何かすごいことをした後に！　例えばゲームに勝ったとき、豪華なご飯をつくったときなどにぴったりです。このフレーズは、娘が私に向かって使い始めてくれました。娘に You did it. と言い続けたのが、良かったのかも！　今では自分でも使っています。

Way to go, Mama.　「よくやった、ママ」
ウェイトゥゴゥママ

　Way to go. のフレーズは140ページに出てきました。ここでは自分に対して使います。自分が「したこと」に対して使うので、何か上手くできた後に言ってください。これから何かをするときには、代わりに Go Mama!（頑張れ、ママ！）を使います。自分自身をほめることで、ママにもっと感謝してね、とやんわり伝えることができますよ。子どもにとっても言いやすいフレーズです。

Mama's working hard.　「ママは頑張ってるよ」
ママズワーキングハード

　専業主婦は、一番タフな仕事だと思います。時には、家族にどれだけ大変かを直接伝えたいものです。そんな時のフレーズがこれ。子どもや夫に、どれだけママという仕事が大変か、分かってもらいたいときに！

　もし、外で働いているなら、これは文字通り、「ママは頑張ってお仕事している」という意味で使えます。子どもが仕事に対してマイナスの感情を持たないように、言うときには、明るい調子で言うことをお勧めします。

　なかなか上手くいかない日の「つぶやき」としてもぴったり。また、何か間違ってしまったときにも使えます。「間違うこともあるけど、頑張っているんだよ」と。

家族で英語を楽しもう！

5 子どもの前で、パパをほめる

<small>パパディドゥイットゥ</small>
Papa did it! 「パパ、やったね！」

　パパのこと、ほめたくないですか？　結婚生活にはたくさんのストレスがあります。ですから、子どもに向かって、夫の悪口を言いたくなるときもありますよね。そんな時、私たちは悪口を言えばすっきりして、後は忘れていたりするのですが、子どもはそのこと（ママはパパの悪口を言っていた……）を、けっこう覚えているものです。ですから、子どもの前で父親の悪口は言わないにこしたことはありません。

　多くの場合、パパは仕事で忙しくて、あまり家にいないですよね。であれば、もう1歩進んで、子どもの前でパパのことをほめてみてはどうでしょうか。長い目で見て、父親と子どもの関係がよくなれば、ママはその分楽になるはずですから。

パパズゴッタグッアイディア
Papa's got a good idea.
「パパにいいアイデアがあるよ」

夫が何かいいことを言ったとき、子どもに向かってこのように伝えます。他に、夫が何か注目すべきことをしたときには、Way to go, Papa.（よくやった、パパ）と言って子どもの注意を引きます。パパが聞こえるところで言うといいですね。

イズントパパスィリィ
Isn't Papa silly? 「パパっておかしいね」

パパは子どもと体を使ってふざけるのが大好き。もし、パパがあなたや子どもを笑わせるようなことがあれば、こう言ってみましょう。娘はだれかをsillyと呼ぶのが大好きなので、パパにももちろん使います。この場合のsillyは、もちろん「ばか」という意味ではなく、「楽しい、面白い」ということです。

スィリィパパ
Silly Papa.

ドンウォリィパパキャンフィクシットゥ
Don't worry, Papa can fix it.
「大丈夫、パパが直してくれるよ」

私の夫は、ありがたいことにとても器用なので、家での修理担当です（私が不器用なので……）。何か壊れたときは、Don't worry, Papa can fix it. と娘に言います。事実を伝えているだけですが、娘はそのことで、パパを誇らしく感じているようです。今では壊れているものを見つけるとそう言います。夫に伝えると、娘からの間接的なほめ言葉にご満悦。修理もすぐにしてくれます！

パパキャンヘルプ
Papa can help. 「パパが助けてくれるよ」

お兄ちゃん、お姉ちゃんの前で、弟、妹をほめる

ワッタグッドパルズ
What good pals. 「いい相棒ね」

　弟や妹は、上の子のことが大好き。お兄ちゃんと同じことをしたい。お姉ちゃんと同じものを着たい。同じようにしゃべりたい。真似をしたくて仕方がありません。
　このような思いは、きょうだいの絆を強くする一方、大きなストレスにもなります。真似をされたときにどう感じるかは、時と場合によりますが、かわいいと思う子がいる一方、面倒くさく感じる子もいます。どちらの場合にも、声かけ次第で、ふたりの関係をよくし、兄、姉といった自分の役割を心地よく思えるようになります。What good pals. や What good buddies. といったフレーズは、「友だちみたいでいいね」、ということを伝えています。
　この項目の sister(s) と brother(s) は、入れ替えて使えます。

Aren't sisters special?
アーントシスタァズスペシャル

「きょうだいって特別よね」

　赤ちゃんが生まれると、子どもたちは突然「お兄ちゃん、お姉ちゃん」になります。それがうれしい子もいれば、ショックを受ける子も。このフレーズはどちらの場合でもOK。下の子がまだ赤ちゃんのときには、special（特別）という言葉を使うことで、「赤ちゃんには優しくしなきゃね」と教えることができます。大きくなって、ふたりで遊べるようになったら、Aren't sisters fun?（きょうだいって面白いね）と言い換えます。

Look! Your brother's trying hard.
ルック　　　　　　　　ユァブラザァズトライングハード

「見て！ 弟が頑張ってるよ」

　大きくなると、「努力する、頑張る」ということが分かってきます。でも、親が下の子の頑張りを口にしないと、小さな子にとってはまだ難しい、ということになかなか気がつきません。brother'sはbrother isのことです。進行形の文なので、目の前で起きていることについて言っています。

Look what you can show her!
ルックワッユゥキャンショウハァ

「どうやれるか見せて！」

　甥っ子は、私の娘が生まれるまで親戚の中で唯一の子どもでした。私の娘と会ったとき、小さい子への接し方が分からず、戸惑っていました。そのうち、「もっと早くできるよ」「そんなの簡単だよ」と言い始めました。そこで、このフレーズ。優しくて賢い子なので、すぐに競争するという気持ちから、教えてあげるという気持ちに。

　herの部分を、himやthem、人の名前などに変えて使います。

7 弟、妹の前で、お兄ちゃん、お姉ちゃんをほめる

55, 64

イズンユァブラザァグレイト
Isn't your brother great?

「お兄ちゃんってすごいね」

　弟、妹は、年上のきょうだいのようになりたい、と思っているものです。ですから、小さな子の前で、ことさら上の子たちをほめる必要はないかもしれません。しかしながら、そうすることで、ほめ言葉を耳にしたお兄ちゃん、お姉ちゃんの自信につながるという効果があります。また、ちょうど、父親についての話と同じように、兄や姉に対する良い印象を抱く手助けともなります。brotherやsisterの前にbigをつけてもOKです。

　私は3人姉妹の末っ子でしたが、姉たちのおかげで楽しい子ども時代を過ごしました。もちろん、たくさんけんかもしましたが、姉妹の絆はとても強く、それは今でも変わりません。

　この項目のsister(s)とbrother(s)は、入れ替えて使えます。

もっとほめてみよう！

ワァオユゥラーンザットフロムユァシスタァ
Wow, you learned that from your sister?
「わぁ、お姉ちゃんから教わったの？」

このフレーズも、一度にきょうだいふたりをほめることができます。一生懸命習っている下の子の頑張りと、それを教えている上の子の優しさを同時に認めているのです。過去形のフレーズですが、ちょうど何かを教えているときでも、終わったときに使ってもかまいません。

ユァシスタァノウズソゥメニィスィングス
Your sister knows so many things!
「お姉ちゃんはなんでも知ってるね！」

上の子が下の子に何かを教えてあげているときには、それを見つけて、下の子にこう声をかけます。これは下の子に向けられた言葉なので、お姉ちゃんにとっては、間接的なほめ言葉です。「あ、私のこと話してる！」と思うでしょうね。上の子の自信につながりますよ。

Japanese Mama から　答えを代わりに言ってみよう

「英語でほめる」を始めると、それ以外でも自然に英語の会話が増えていきます。そして「こう答えてほしいな……」という場面が出てくるものです。例えば、Do you like it?（これ好き？）と聞いたとき、Yes. だけではなく、Yes, I do. と言ってほしい、のように。そんな時は、「Yes, I do. でしょ！」と子どもの英語を直すのではなく、子どもの後に、ママ自身がつけ足してあげるといいと思います。ママ「Do you like it?」、子ども「Yes.」、ママ「Oh, yes I (you) do.」。わが家ではyouを使ったところ子どもが混乱してしまったので、子どもの答えを代わりに言う形をとっています。

8 みんなで話すときには

56, 64

ユゥユゥズデュアワーズウェル
You used your words well.

「ちゃんとお話しできたね」

　子どもが大きくなるにつれて、夕飯時や寝る前、車の中でなど、家族での会話も増えてきます。日常生活の延長上の話だけでなく、「あるトピックについての会話」もできるようになります。学校のこと、旅行のこと、家の中で起こったことなど、その内容も広がっていきます。

　子どもは子どもなりの意見を持っているので、親として、時には賛成しかねることもあるでしょう。そうであっても、ちゃんと自分の意見を話せたということ自体を、親としてはほめることが大切です。98ページのUse your words.（自分の言葉でいいよ）というフレーズと違い、こちらは子どもがちゃんと話ができたときのほめ言葉です。

That was a funny story. 「面白い話ね」
（ザッワズアファニィストォリィ）

　子どもはくだらない話をたくさんします。大人には全く意味の分からないことで、クスクス笑っていますし、オチの見えない「すごく面白い話」を披露してくれます。大人はいつの間にかそんな話をしなくなりますが、子どもが家でくだらない話をいつでもできる雰囲気があるというのは、意外に重要。子どもの話についていけなくても、「いつでも面白い話があったら、ママの所に来て話して」と、このフレーズで伝えてあげましょう。

How interesting! 「すごく面白い！」
（ハゥインタレスティン）

You explained very clearly. 「ちゃんと説明してくれたね」
（ユゥエクスプレインドベリィクリアリィ）

　これは何かに対してイライラしたり怒ったりして、あなたの所にそれを言いに来たときの言葉です。子どもの言い分に賛成できなくても、こう答えることで、きちんと話しに来たことを認めることができます。きょうだいげんかでそれぞれに言い分があるときには、話を聞いてから、ふたりに向かってこう言いましょう。

Thank you for waiting your turn. 「自分の番を待ってくれてありがとう」
（センキューフォウエイティンユァターン）

　子どもは「待つ」ことが苦手。娘は私と夫の会話にすぐに入ろうとします。車について話していれば、「ミシャちゃんもね、ブーンってできるよ。でね、キキーッて止まれるの。すごい？」。それがかわいいときもありますが、まあ、普通はイライラします。そこで、会話の順番をちゃんと待てたらこのフレーズでほめて、次に娘の「提案」を聞くようにしています。

使いやすいフレーズ

That's... 「これが……」
ザッツ

　ここまで読まれた方の中には（読んでくださった方、ありがとうございます！）、繰り返し使われている表現があることに気づいた方もいるかもしれません。ここでは、アレンジしやすいフレーズを紹介していきます。アレンジすることで、言葉のストックを大幅に増やすことができますし、ここぞというときに、ぴったりのほめ方ができれば、子どもの心にも響きます。

　このThat's...は、肯定的な形容詞を後ろに置いて使うことで、簡単にほめ言葉ができる優れもの。例えば、That's great.（すごい）、That's super.（素晴らしい）など。簡単でしょ。また、-ing形の動詞を持ってきて、That's playing together well.（これが一緒に仲良く遊ぶってことね）、That's working hard.（これが一生懸命やるってことね）など。

What a... 「（なんて……）」
ワッタァ

　私はこの本の中で、何度もWhat a...のフレーズを使っています。What a hard worker.（頑張りやさんね）、What a big help.（すごく助かったわ）、What a good eater!（よく食べたね！）、What a story.（面白い話ね）、What a happy, clean kid!（ピカピカでご機嫌！）、What a comeback!（元気になったね！）、What an opinion.（意見があるのね）、What a good helper!（お手伝い上手！）などなど。目の前の状況やそれを表す形容詞をWhat aの後に置くだけでOK。後でほめるときにも同じように使えて便利です。What good buddies.（なかよしね）やWhat good pals.（いい相棒ね）の

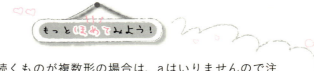

ように、後に続くものが複数形の場合は、aはいりませんので注意してください。「！」はテンションを上げたいときにつけます。

You... 「（あなたは……）」

状況を説明するThat'sやIt'sと違って、You...のフレーズは子どもを直接ほめる方法です。私たちは今まで、その子にもともと備わっているもの（外見や知性）ではなく、その子の努力をほめよう、と話してきました。その考え方に沿うためには、Youを使う場合、ちょっと注意が必要です。

例えば、You are so smart.（あなたって本当に頭がいいわ）といったほめ方になってしまわないように、気をつけねばなりません。代わりに、子どもの成し遂げたことに注目します。例えば、You cleaned it up!（お掃除できたね！）、You're cleaning up.（お掃除してるのね）のように。

語尾に？をつけて、上がり口調で読めば、質問にすることができます。大きい子には質問、でしたね。

Thanks for... 「……をありがとう」

私が「ありがとう」の信者だということは、もうご理解いただけていると思います。子どもは親の真似をしますから、Thanks for... や Thank you for... は、娘が一番使うフレーズになっています。子どもが特に良い行いをしてくれたときの言葉でもあります。子どもの行動をほめるときにどんどん使ってください。Thanks for helping.（手伝ってくれてありがとう）、Thanks for being quiet.（静かにしていてくれてありがとう）、Thanks for listening so well.（ちゃんと聞いてくれてありがとう）。

アイキャンスィ
I can see... 「……分かるよ」

　この表現は、まだ1回しか出てきていないのですが、これからもっと英語でほめたい、という方にぴったりのものです。115ページで、子どもの気持ちを認める場面で使いました。気持ちだけでなく、子どもの行動を認める場面でも使うことができます。なかなかできないことをやり遂げたときなどにぴったりです。I can see you're being gentle with the cat.（ネコに優しくしてるのね）、I can see you're sharing your toys with your brother.（弟におもちゃを貸してあげたのね）のように使います。

ザッツワッタアイコール
That's what I call... 「これこそ……ってことね」

　子どもの状況を、言葉にして説明してあげる方法です。145ページではThat's what I call paying attention.（これこそちゃんと聞くってことね）という使い方でしたが、動名詞（-ing）を使って、さまざまなフレーズがつくれます。例えば、That's what I call being tough.（これが困難ってことね）、That's what I call working hard.（これが勤勉ってことね）など。

　同じように形容詞をつけることもできます。That's what I call cool.（これがかっこいいってことね）、That's what I call fast.（これが速いってことね）など。

　このフレーズを使うときには、あなたが子どもの状況をどう見ているかを言葉にします。特に、子どもがネガティブな面しか見えていないときには、別の側面があるよ、と伝えることができます。例えば子どもが落ち込んで泣いている状態から立ち直ろうとしているとき、That's what I call a good recovery.（これが立ち直るってことね）と伝えることができます。

　強調したいときは最初にNowをつけてNow that's what I call...とすることもできます。

おわりに I ――ネイティブママが伝えたかったこと

カリン・シールズ

　本書を終えるにあたり、ほめ言葉の効果について、あと少しお話しさせてください。「まだ、言い足りないの？」と思われてしまうかもしれませんね。

　ほめ言葉の良いところは、「感染性がある」ところです。意識して少しでも多く人をほめるようになれば、自分もそして周りの人も、ほめ言葉を使うようになります。そして、もうひとつ。心からほめ言葉を使えば、最終的には皆、それを受け入れてくれるということです。ですから、**家で使い出せばそれだけで、今までより家族は幸せを感じられるようになるはずです。**

　このような方法で英語を小さな子どもに使っていれば、それによってプレッシャーを感じたり、重荷に感じたりすることはありません。**自己肯定感と英語が、子どもの頭の中で結びつくようになるからです。**子どもたちは、英語に対する前向きな態度を持つことができるようになり、それは将来学校で英語を習うようになったときに、大きな助けとなるはずです。

　そして、子育ても今よりずっと楽になります。ほめ言葉は、子育ての負担を和らげてくれます。私自身、完璧な母親などでありません。親業について、まだまだ学んでいる最中。間違えることもしょっちゅうです。子育ては、充実感があると同時にとても大変なものです。自分がいっぱいいっぱいのとき、それを救ってくれているのが、ほめ言葉を使ったコミュニケーション。自分の思ったように物事が運ばず、がっかりしたり、イライラしたときに、私がひどく落ち込まず、なんとか気持ちを支えていられるのは、そのためです。

　本書を通じて、自分の子どもへの接し方を振り返ることは、その後の大きな変化につながります。子どもを怒っているとき、「まるで自分の母親みたいな言い方だ」と思ったことはありませんか？　私はよくあります。私たちは気がつかないうちに、自分の母親のコミュニケーションスタイルをずいぶんと引きずっているようです。

子どもに対して、ポジティブな言葉を使うことが習慣になれば、それはあなたの子どもだけでなく、その後の世代にまで受け継がれていくことになります。イライラしているときや怒っているときにも、あなたがポジティブな物言いができるようになれば、子どもは自然と同じことができるようになります。将来、子どもが親となり、困難にぶつかったときにも、同じようにポジティブな言葉が口から出てくるようになるでしょう。

　そしてその影響は、子から孫へ、そしてその先へと受け継がれていくはずです。今、あなたがここで少し頑張ることで、あなたの家族にずっと続く良い影響を残すことができるのです。これはすごいことだと思いませんか。

　たとえ、この本にある英語のフレーズを全く使わなかったとしても、**ほめ言葉の威力とそれが子育てと家族全体に及ぼす影響を知ってもらえたなら、本書の目的のひとつは達成されたようなものです。**

　そして最後にお伝えしておきたいのは、**英語を話すときに間違っても構わない、**ということです。何か言おうとしたときに正しいフレーズが思い浮かばなかったとしても、まったく問題ありません。**大切なのは子どもを励まそうとする言葉のトーン。正しい英語より、子どもへの接し方の方がよほど重要です。**

　ですから、フレーズを完璧に暗記しなきゃ、などと思わず、気楽に使い始めてください。そして、楽しんでください。英語のほめ言葉を使うことは、あなたにとっても、お子さんにとっても、楽しいことに違いないのです。

　繰り返しになりますが、この本は、たくさんの英語のフレーズを暗記するためのものではありません。そんなに覚える必要はないのです。あなたの子育て、お子さんとのコミュニケーションスタイルにしっくりとくる言葉を見つけて、ほめたり、励ましたりする場面で、繰り返し使っていくことを、この本は勧めています。「おわりに」をお読みになっている時点で、きっといくつかがその候補に挙がっているのではないでしょうか。いったいどのフレーズが、ぴったりきそうですか？

　娘のミシャは、最初は私の使うほめ言葉をただ真似している

だけでしたが、今ではどんな時に使えばいいのかが分かり、自分の言葉として使い始めました。自分自身をほめたり、励ましたりするだけでなく、うれしいことに私のことをほめたり、励ましたりしてくれるようになりました。まずはたくさんのほめ言葉を子どもにかけていくことで、そのうち使い出すようになるものです。まずはインプット、そうすれば自然にアウトプットにつながります。

あなたが英語のフレーズを繰り返し使っていれば、お子さんもそのうち使い出します。大丈夫。子どもとはそういうものです。日本語でもそうでしたよね。まずは聞いて、学んで、話し出す。ですから、焦らずにお子さんの中に言葉が溜まるのを待ちましょう。

今まで使っていたほめ言葉が、お子さんの口から、あなたに向けて発せられるときが必ずきます。そんな幸せな瞬間が、必ずやってきます。

おわりにⅡ──学校も「コミュニケーション重視」へ大きく変化

黒坂真由子

私は一度、英語教育に失敗しています。
「中学入学前に英語がある程度できるように」という焦りの気持ちから、長女を英語塾に通わせ、宿題をしなさいと言っては叱っていたのです。半年も過ぎると、娘はすっかりやる気をなくしていました。英語がだんだん嫌いになっていくのが、はたから見ていても分かりました。

同じ頃、この本のプロジェクトに関わり、私も家で「英語でほめる」ことを始めてみました。私自身、子どもと英語でコミュニケーションをとる方に意識が向くようになったためか、塾の宿題をしていなくても、さほど気にならなくなっていきました。そして何より、「英語嫌いにさせたくない」という思いから、「英語の勉強をしなさい」と言わないようにしたのです。

家で英語を使うようになってから、娘の英語に対する姿勢も変わってきました。プリントの中でI want to eat an apple. と書いても何も出てきませんが、母親に向かって同じように言えば、むいたリンゴがお皿に載って出てくるのです！　プリントの中の世界と、日々の生活がつながったことで、英語を受け入れる用意が整ったのかもしれません。

　英会話教室や塾に通っているのに、なかなか話すようにならないという子は多いと思います。**家で英語を使うことで、教室や塾での成果をムダにせず、次につなげることができるのではないか**、私はそんなふうに考えています。

　また、「英語でほめる」方法、つまりコミュニケーションだけの英語では、「読み書きがおろそかになる」と思われるかもしれません。私もその点は不安でしたが、その心配は次女の「英検を受けたい」という一言で吹き飛びました。近所の年上の子に英検の話を聞き、自分も英語のテストにチャレンジしたい、と思ったそうです。今はプリントに必死でアルファベットを書いています。**家での母親とのコミュニケーションから入った英語が、読み書きや文法につながっていく**というのは、ひとつの驚きでした。

　このように、つい「読み書き」を意識してしまうのは、受験戦争を過ごしてきた私たちの悪い癖です。もしかすると、このような心配自体が、あまり必要ないかもしれないのです。なぜなら、これから子どもが受ける英語教育は、自分たちの頃とは、ずいぶんと違ったものになりそうだからです。

　2014年9月に、文部科学省の有識者会議がまとめた、これからの英語教育の改革の提言によると、小学校から高校に至るまで、「英語をコミュニケーションの道具として使いこなす」という目標が掲げられています。また、提言の中では「授業で発音・語彙・文法等の間違いを恐れず、積極的に英語を使おうとする態度を育成すること」の重要性が繰り返し強調されています。これは、受験英語にどっぷりつかり、文法や単語の間違いをなくすべく邁進（まいしん）してきた私には、ある意味ショックな内容でした。つまり、**これからの子どもたちに求められるのは、「正**

しい英語」というよりむしろ、「間違えてもいいから、英語でコミュニケーションをしようとする意欲」なのです。

　子どもの英語教育に悩んでいたときに、この本のフレーズを使って「英語でほめる」を始められたことは、本当にラッキーでした。もちろん、何もかもがすんなり上手くいったわけではありませんし、3人の子どもが特別英語が得意で、ぺらぺら話せるようになったということでもありません。ただはっきりと言えることは、小学生の女の子たちは「英語って楽しいし、得意かもしれない」と思っていること。そして4歳の息子は意識することなく英語を口にしているということです。

　息子に冬物の新しいTシャツを買って帰ったときのこと。袋を開けた途端、大きな声で「ダイナソー！」。恐竜の絵のTシャツだったのです。「あら、英語が出た」と思っていたら、後ろから長女が It's cold... とぶつぶつ言いながらキッチンに入ってきました。お風呂に入れば次女が one, two, three... と数字をカウントしています。**気がつけば、子どもの生活の中に、英語が入り込んでいます。そしてこれは、英語でほめ始めてから、1年も経たない時点での変化なのです。**これからどうなるだろうと、私はとてもワクワクしています。

　先日、インターネット英会話のフィリピン人の先生に、「子どもに英語を話すときのポイントを教えて」と言うと、「ねぇ、何かあったの？　この2週間でその質問されたの7人目なんだけど」と。もしかすると、英語での子育てはいろいろなご家庭ですでに始まっているのかもしれません。

　「英語でほめる」方法なら、子どもは英語がどんどん好きになっていきますし、この本を使えば、ママは自然な英語で、自信を持って子どもに話しかけることができます。半年後、1年後のお子さんの成長がきっと楽しみになるはずです。皆さんの「こんなにうちの子が変わった！」というご報告を、カリンとともに楽しみに待っています。

付録：暗記シート

第1章 魔法の言葉、マジックフレーズ 58

	日本語	カタカナ / English
02 □□	やったね	ユーディディットゥ **You did it.**
□□	いいね！	ナイス **Nice!**
□□	当たり	ユーヴガデェトゥ **You've got it.**
□□	よくできたね	グッジョーブ **Good job.**
03 □□	ありがとう	センキュー **Thank you.**
□□	さすがママの子	ザッツマイガール/ボーイ **That's my girl/boy.**
□□	なんて優しいの！	ハウスゥイートゥ **How sweet!**
□□	優しいのね	ザッツソゥナイス **That's so nice.**
04 □□	わぁ～！	ワァオ **Wow!**
□□	イェイ！	イェイ **Yay!**
□□	すごい！	ルックアッチュー **Look at you!**
□□	うわっすごいわ	スゥパァー **Super.**
05 □□	大丈夫だよ	ユアーオゥケイ **You're OK.**
□□	せっかくだけど	ノーセンキュー **No thank you.**
□□	分かるよ	アイムソーリー **I'm sorry.**
□□	分かってるよ	アイノゥ **I know.**

176

06 ☐☐	大好きよ	ママラッジュユー Mama loves you.
☐☐	ママの誇りだわ	ママスソゥプラウド Mama's so proud.
☐☐	ママはラッキーね	アイムソゥラッキー I'm so lucky.
07 ☐☐	美人さんはだれ？	フーズゴージャス Who's gorgeous?
☐☐	あら、こんにちは！	ウェルハローゼア Well hello there!
☐☐	大好きなのはだれ？	フーラヴズユー Who loves you?
☐☐	ちゃんと見てるわよ	ルッキングオーラウンド Looking all around.
08 ☐☐	すごい努力ね！	ワットエフォート What effort!
☐☐	よくやったね	ユーディドゥグレイトゥ You did great.
☐☐	上手ね	ウェルダン Well done.
☐☐	その通り	ザッツライト That's right.
09 ☐☐	あなたがしたの？	ユーディドゥザットゥ You did that?
☐☐	信じられない！	ノーウェイ No way!
☐☐	決めていいのよ	ユーディサイド You decide.

🌀は「日本語→英語」のトラックを、🌀は「英語」のみのトラックを表しています。

付録：暗記シート

第2章　頑張っている子どもに声をかけよう 59

10 ☐☐	その調子	キープゴォイン Keep going.
☐☐	できるよ	ユーキャンドゥイットゥ You can do it.
☐☐	あとちょっと！	オールモストゼア Almost there!
☐☐	頑張りやさんね	ワッタハードワーカー What a hard worker.
11 ☐☐	もう一度	レッツトライアゲイン Let's try again.
☐☐	おしい	ソゥクロゥス So close.
☐☐	頑張ったね	ユーディドゥユアベスト You did your best.
☐☐	もう1回？	ワンモアタイム One more time?
12 ☐☐	それでいいよ！	ゼァユゥゴゥ There you go!
☐☐	すごいと思わない？	アーンチューブラゥド Aren't you proud?
☐☐	わぁ～。自分でできるの？	ワァオ　ユーキャンドゥザットゥ Wow. You can do that?
13 ☐☐	自分を信じて	トラステュアセルフ Trust yourself.
☐☐	ほら、いい感じ！	ルックアチューゴォ Look at you go!
☐☐	できてるよ	ユアドゥイングイットゥ You're doing it.
☐☐	よくなってるよ	ゲッティンベター Getting better.
14 ☐☐	すごい！	ルックアッザットゥ Look at that!

☐☐	上手にできたね！	What skill! （ワッスキル）
☐☐	あなたがつくったの？	You made this? （ユーメイディス）
☐☐	わあ、ユニークね	Now that's unique. （ナウザッツユニーク）
☐☐	順番をちゃんと待てるよね	Great waiting your turn. （グレイトウエイティングユァターン）
☐☐	シェアしてくれて、ありがとう	Thanks for sharing. （センクスフォシェアリング）
☐☐	なかよしね	What good buddies. （ワッグッバディーズ）
☐☐	……と上手に遊べたね	You played so well with... （ユーブレイドソゥウェルウィズ）
☐☐	がまんできたね	What restraint. （ワッリストレイント）
☐☐	がまんしてるのね	That shows patience. （ザッショウズペイシェンス）
☐☐	すごいって思わない？	Aren't you impressed? （アーンチューインプレスト）
☐☐	感心したわ	I'm so impressed. （アイムソゥインプレスト）
☐☐	お姉さんね／お兄さんね	Such a big girl/boy. （サッチアビッグガール/ボーイ）
☐☐	すごく助かったわ	What a big help. （ワッタビッグヘルプ）
☐☐	……してくれてありがとう	Thank you for... （センキューフォ）

付録：暗記シート

第3章 子どもと過ごす、朝の時間 ⑥⓪

18
- □□ おはよう、サンシャイン！ — Hello Sunshine! （ヘロォサンシャイン）
- □□ よく眠れたね — You slept so well. （ユースレプトソゥウェル）
- □□ よく眠れたわよね？ — That felt good, didn't it? （ザッフェルトグッ ディドゥンイットゥ）
- □□ もうちょっと一緒に寝ようか — How about a snuggle? （ハゥアバウトアスナゴゥ）

19
- □□ お兄さん／お姉さんみたい！ — What a big boy/girl! （ワッタビッグボーイ／ガール）
- □□ おまるの時間！ — Potty time! （パティタイム）
- □□ ほら、できるじゃない！ — See, you can do it! （スィー ユゥキャンドゥイットゥ）
- □□ 一緒に座ろう — Shall we sit? （シャルウィスィットゥ）

20
- □□ よく食べたね！ — What a good eater! （ワッタグッドイーター）
- □□ おいしい！ — Yum! （ヤァム）
- □□ 食べてみよう — Let's try. （レッツトライ）
- □□ ごちそうさま — All done. （オールダン）

21
- □□ 歯磨き上手！ — Super brushing! （スーパーブラッシン）
- □□ あーんできたね — That's a wide open mouth. （ザッツァワイドオープンマウス）
- □□ ぶくぶくペッ！ — Swish and rinse! （スイッシュアンドリンス）
- □□ きれいかどうか見せて！ — Look how clean! （ルックハウクリーン）

22

- [ ] 選ぶの上手！ — Great choice! (グレイチョイス)
- [ ] どっちがいい？ — Which one? (ウイッチワン)
- [ ] 着替えられたか見せて — Show me how you put it on. (ショウミィハゥユゥプットイットオン)
- [ ] すてきよ — You look nice. (ユゥルックナイス)

23

- [ ] 行ってらっしゃい！ — Have a good day! (ハヴァグッデェイ)
- [ ] 楽しんでね！ — Have fun! (ハヴファーン)
- [ ] 大好きよ — Love you. (ラヴユゥー)
- [ ] お行儀よくね — Be good. (ビーグッド)

24

- [ ] どれだけ早くできるかな？ — How fast can you go? (ハゥファストキャンユゥゴゥ)
- [ ] どっちが早い？ — Who's speedier? (フーズスピィディア)
- [ ] 高速で見せて — Show me that in fast motion. (ショゥミザッインファストモゥション)

25

- [ ] ちゃんと聞いてくれてたね — I see you heard me. (アイスィユゥハードミィ)
- [ ] ちゃんと言った通りにできたね — You did it exactly like I said. (ユゥディディエグザクトリィライクアイセッド)
- [ ] 指示通りにできたね — Way to follow directions. (ウェイトゥフォロゥディレクションズ)
- [ ] よく聞いていたね — Great listening. (グレイリスニン)

付録：暗記シート

第4章 今日のことをたくさん話そう 61

26	おかえり	ウェルカムバァック Welcome back.
	帰ってきたね！	ユアアホゥム You're home!
	いたいた	ゼアシイズ/ヒイズ There she/he is.
	あら、だれか帰ってきた	ルックフーズバァック Look who's back.
27	わぁ〜。ちゃんとできてるよ！	ワァオ ソォニート Wow. So neat!
	靴をちゃんと脱げる？	キャニュゥテイクユアシューズオフ Can you take your shoes off?
	上手に片づけてくれてありがとう	センクスフォビーイングソゥタイディ Thanks for being so tidy.
	全部自分でしたのね	ユゥディドゥイッオルバイユアセルフ You did it all by yourself.
28	自分の言葉でいいよ	ユーズユアワーズ Use your words.
	面白い話ね	ワッラストーリィ What a story.
	難しい言葉ね	ザッツァビッグワード That's a big word.
	上手に話せたね	ユゥトオルザッソゥウェル You told that so well.
29	助かったわ！	サッチァビッグヘルプ Such a big help!
	ママみたいね	ジャストライクママ Just like Mama.
	なんて頼りになるの	ハゥヘルプフル How helpful.
30	よくできたね	エクセレントワーク Excellent work.

☐☐	もうちょっと	Getting closer. （ゲッティングクロウサァ）
☐☐	すごい！	How about that! （ハゥアバウザットゥ）
☐☐	本当によく頑張ったね	You really worked hard. （ユゥリアリィワークトハード）
☐☐	全部食べたね	You ate it all up. （ユゥエイティトオーラップ）
☐☐	おいしいのね	It must be good. （イッマスビーグッド）
☐☐	汚れてないよ！　わぁ〜	No mess! Wow. （ノゥメス　ワォ）
☐☐	ちゃんとかんでるじゃない	Look at you chewing. （ルックアッユーチュゥイン）
☐☐	きれいになったよ！	All clean! （オールクリーン）
☐☐	ちゃんとすすいだね	Super rinsing. （スゥパァリンスィン）
☐☐	気持ちいい	This feels good. （ディスフィールズグッド）
☐☐	ピカピカでご機嫌！	What a happy, clean kid! （ワッタハッピィクリーンキッド）
☐☐	ごろんしよう	Let's relax. （レッツリラックス）
☐☐	大きくあくび。大きくストレッチ	Big yawn. Big stretch. （ビーグヤーン　ビーッグストレッチ）
☐☐	ママはここよ	Mama's right here. （ママズライトヒァ）

付録：暗記シート

第5章 泣いているとき、困っているとき 62

34
- □□ 気にしない | ドンウォリィ
Don't worry.
- □□ 平気だよ | イッツオゥケイ
It's OK.
- □□ ……と思っているの分かるよ | アイキャンスィユゥフィール
I can see you feel...
- □□ 直せるよ | ウィキャンフィクスィット
We can fix it.

35
- □□ ちゃんと起き上がれたね | グッリカバリィ
Good recovery.
- □□ 痛そうね | ザッマストハート
That must hurt.
- □□ いたいのいたいの飛んでいけ | バイバイブーブー
Bye-bye boo-boo.
- □□ バンドエイド、する？ | ハゥアバウトバンデイド
How about a band-aid?

36
- □□ びっくりしたね | ザッワズアビッグサプライズ
That was a big surprise.
- □□ 元気になったね！ | ワッタカムバァック
What a comeback!
- □□ ショックよね | ワッタショーック
What a shock.
- □□ ちょっと怖いね | ザッツァリトルスケァリィ
That's a little scary.

37
- □□ これも終わるよ | イティルパス
It'll pass.
- □□ 大変ね | ユゥアジャストハヴィングアタフモゥメントゥ
You're just having a tough moment.
- □□ 悲しんでもいいよ | イッツオゥケイトゥフィールサッド
It's OK to feel sad.
- □□ ギューてしようか？ | ワナカドゥ
Wanna cuddle?

38 ☐☐	一緒にやろうか？	シャルウィトライトゥギャザァ Shall we try together?
☐☐	大変だって分かるよ	アイノウイッキャンビィハード I know it can be hard.
☐☐	頑張ろうね	ハンギンゼァ Hang in there.
☐☐	イライラしてるんでしょ	アイベッザッツフラストレイティン I bet that's frustrating.
39 ☐☐	気持ちを表すのはいいことだよ	グッショウインユァエモゥションズ Good showing your emotions.
☐☐	自分の言葉でお話しできる？	キャニュユーズユァワーズ Can you use your words?
☐☐	怒っているの分かるよ	アイスィユァリアリィアングリィ I see you're really angry.
☐☐	深呼吸して	ディープレス Deep breath.
40 ☐☐	聞いてるよ	アイヒァユゥ I hear you.
☐☐	意見があるのね	ワッタンオピニオン What an opinion.
☐☐	分かったよ	アイアンダスタンド I understand.
41 ☐☐	ここにいるよ	アイムライトヒァ I'm right here.
☐☐	コントロールできたね	ウェイトゥゲッコントロー Way to get control.
☐☐	落ち着いた。そうよね？	ユァバック　アーユゥバック You're back. Are you back?

付録：暗記シート

第6章　お兄ちゃん、お姉ちゃんをもっとほめよう

	日本語	英語（カタカナ読み）
42	なんていいお兄ちゃん！	ワッタグッビッグブラザァ What a good big brother!
	優しいのね	ハゥカインドブユゥ How kind of you.
	仲がいいのね	ユゥトゥゲットアロングソウエル You two get along so well.
43	注意して上手にできたね	ハゥケアフルアンドウェルダン How careful and well done.
	頼んでもいないのに！	アイディドゥンイーブンハフトゥアースク I didn't even have to ask!
	全部自分でやったの？	ユゥディドゥザッオールバイユアセルフ You did that all by yourself?
	助かったわ	ユゥリアリィヘルプトゥミィ You really helped me.
44	その通り！	ザッツイットゥ That's it!
	頑張れ	キーピィットアップ Keep it up.
	おしい	ユァクロゥス You're close.
	よくできたね	グレイトワーク Great work.
45	よくやった	ウェイトゥゴォ Way to go.
	いいチームワークね	グッティームワーク Good teamwork.
	頑張ったね	ユゥトライドハード You tried hard.
	ナイスシュート！	ナイスショット Nice shot!
46	うん	アハァ Uh-huh.

□□	いい質問だね	Great question. グレイクエスチョン
□□	説明してくれてありがとう	Thank you for explaining. センキュゥフォエクスプレイニン
□□	お話、楽しかったね	I enjoyed our talk. アイエンジョイダゥトーク
47 □□	ちゃんと聞けたね	Way to listen carefully. ウェイトゥリッスンケアフリィ
□□	ちゃんと聞いてるって分かるよ	I see you're listening closely. アイスィユァリスニンクロゥスリィ
□□	これこそちゃんと聞くってことね	That's what I call paying attention. ザッツワッタアイコールペイングアテンション
48 □□	礼儀正しいのね	How polite. ハゥポライトゥ
□□	静かに聞けたね	You listened so quietly. ユゥリッスンドソゥクワイエトリィ
□□	ママに話させてくれたね	You let Mama talk. ユゥレットママトーク
□□	大人みたいね	Just like a grown-up. ジャスライクァグロウナップ
49 □□	良かったね！	Good for you! グッフォユゥー
□□	自分が誇らしいでしょう	You must feel proud. ユゥマストフィールプラウド
□□	全部ひとりでできたね	You finished it all by yourself. ユゥフィニッシュトゥイッオルバイユァセルフ
□□	助けがいらなかったって分かったよ	I see you didn't need any help. アイスィユゥディドゥンニードエニィヘルプ

付録：暗記シート

第7章 家族で英語を楽しもう！ 64

50
- ハイファイブ！ — High five! (ハイファイヴ)
- 拍手 — clapping (クラッピング)
- 親指を上げる — thumbs up (サムズアップ)
- ハグ — hugging (ハギング)

51
- キドー — Kiddo (キドゥ)
- ベイビー — Baby (ベェィビィ)
- ハニー — Honey (ハニィ)

52
- イェイ、ママ！ — Yay Mama! (イェイママ)
- ママ、やったね！ — Mama did it! (ママディドゥイットゥ)
- よくやった、ママ — Way to go, Mama. (ウェイトゥゴゥママ)
- ママは頑張ってるよ — Mama's working hard. (ママズワーキングハード)

53
- パパ、やったね！ — Papa did it! (パパディドゥイットゥ)
- パパにいいアイデアがあるよ — Papa's got a good idea. (パパズゴッタグッアイディア)
- パパっておかしいね — Isn't Papa silly? (イズントパパスィリィ)
- 大丈夫、パパが直してくれるよ — Don't worry, Papa can fix it. (ドンウォリィパパキャンフィクシットゥ)

54
- いい相棒ね — What good pals. (ワッタグッドパルズ)

☐☐	きょうだいって特別よね	Aren't sisters special? アーントシスタァズスペシャル
☐☐	見て！ 弟が頑張ってるよ	Look! Your brother's trying hard. ルック ユァブラザァズトライングハァド
☐☐	どうやれるか見せて！	Look what you can show her! ルックワッユゥキャンショウハァ
☐☐	お兄ちゃんってすごいね	Isn't your brother great? イズンユァブラザァグレイト
☐☐	わぁ、お姉ちゃんから教わったの？	Wow, you learned that from your sister? ワァオユゥラーンザットフロムユァシスタァ
☐☐	お姉ちゃんはなんでも知ってるね！	Your sister knows so many things! ユァシスタァノウズソゥメニィスィングス
☐☐	ちゃんとお話しできたね	You used your words well. ユウュズデュァワーズウェル
☐☐	面白い話ね	That was a funny story. ザッツワズアファニィストォリィ
☐☐	ちゃんと説明してくれたね	You explained very clearly. ユゥエクスプレインドベリィクリアリィ
☐☐	自分の番を待ってくれてありがとう	Thank you for waiting your turn. センキューフォウエイティングユァターン

●使いやすいフレーズ

☐☐	これが……	That's... ザッツ
☐☐	(なんて……)	What a... ワッタァ
☐☐	(あなたは……)	You... ユゥ
☐☐	……をありがとう	Thanks for... センクスフォ
☐☐	……分かるよ	I can see... アイキャンスィ
☐☐	これこそ……ってことね	That's what I call... ザッツワッタアイコール

カバーデザイン ◆ 吉村朋子
カバー・本文イラスト ◆ タニダアヤ
本文デザイン ◆ 岡林香菜〔(株)森の印刷屋〕
DTP ◆ (株)森の印刷屋
CD製作 ◆ 爽美録音株式会社
CD日本語ナレーター ◆ 馬目桃子
CD英語ナレーター ◆ リン・ハリス（Lynn Harris）